L'HERMITE
DE CORBENY,

OU

LE SACRE ET LE COURONNEMENT

DE SA MAJESTE

CHARLES X,

ROI DE FRANCE ET DE NAVARRE ;

OUVRAGE,

Où l'on fait connaître l'origine, l'objet et les effets de cette auguste cérémonie, sous le double aspect de la politique et de la religion.

Par M. S. A. , Membre de plusieurs Sociétés savantes.

Non nova , sed nove.

LAON,
Imprimerie de A. STRAUSS-MARCHANT.
1825.

~~~~~~

A MONSIEUR

LE COMTE DE FLOIRAC,

MARÉCHAL-DE-CAMP,

PRÉFET DU DÉPARTEMENT DE L'AISNE,

~~~~~~~~~~~~~~~~~~~~~~~~~~~

MONSIEUR LE COMTE,

Si je connaissais un Français plus digne que vous de mon estime et de mon respect, par ses vertus publiques et privées, je lui offrirais cet écrit, dont je vous prie d'agréer l'hommage.

Silvy.

AVANT - PROPOS.

Escortée des plus augustes souvenirs, la vénérable antiquité s'offre vivante à mes regards. C'est
elle qui m'éclaire, me guide et me conduit. At-
tentif à ses avertissemens , j'arrête mes regards
sur les objets qu'elle me montre ; me confiant
à sa sagesse , je décrirai avec simplicité les pratiques pieuses et les tableaux touchans ou subli-
mes qu'elle aura exposés à ma vue.

Où doit nous conduire un début si pompeux
et presque romantique? vous l'avez demandé, cher
lecteur , et je vais vous satisfaire. Voulant vous
donner une idée du sacre et du couronnement
de S. M. , qui nous sont annoncés pour le mois
de mai prochain, je n'ai pas cru qu'il me convînt
de vous offrir une dissertation historique ou théo-
logique sur l'origine et les effets du sacre ; je n'ai
pas cru qu'il fût bienséant de me livrer à aucune
discussion philosophique , ou anti-philosophique,
sur les événemens qui précédèrent ou suivirent
le sacre des premiers de nos Rois chrétiens.

J'admets sans examen les faits innocens par
eux-même que les siècles ont crus et attestés,

Que le superbe dédain de l'incrédulité repousse l'origine céleste de la Ste-Ampoule, et le don de guerir des écrouelles, qui suit la grâce des onctions saintes dans nos Rois. Peu importe. Me contentant d'opposer dédain à dédain, je déclare, sans hésiter, que fallût-il ne considérer, que comme des fictions poétiques, ces événemens miraculeux ou extraordinaires, ils seraient encore trop précieux à mes yeux pour les abandonner. L'intervention du ciel dans les affaires de la terre n'est pas encore devenue une croyance ridicule, digne de pitié ni de mépris ; et il y a peut-être plus de véritable philosophie à croire qu'à ne croire pas. Les hommes sages le pensent ainsi, et leur exemple et leur suffrage sont préférables, à mes yeux, à ceux de quelques téméraires discoureurs, qui débitent plus de niaiseries impertinentes en un quart-d'heure, qu'ils ne rencontrent des vérités positives en toute leur vie.

Pour parvenir à présenter, sous un point de vue intéressant, l'accord de la religion et de la politique dans les augustes cérémonies, dont le spectacle et la pompe nous sont promis au retour du printemps, j'ai dû m'abstenir des récits froids et monotones des annalistes français dont j'ai admiré la patience dans les volumineuses collections qu'ils nous ont laissées, tels que les Godefroy, les Marlot, les Fauchet, les Menins, et de Limiers, etc.; j'ai cru aussi devoir me défendre d'une compilation aride de formules, rassemblées avec soin dans les rituels, non que je renonce à en faire usage , ou à les rappeler pour fixer l'attention des hommes religieux et monar- chiques, mais pour écarter l'ennui de tout ce qui sent le formulaire , ou la description sèche des actes divers qui se passeront sous leurs yeux , à cette époque mémorable.

Ainsi , mon cher lecteur , je ne serai point historien, théologien , ni philosophe; vous n'allez point lire un rituel , ni un formulaire.

Mais , quelques souvenirs qui , peut - être , ne seront pas sans intérêt, quelques réflexions qui , partant d'une ame fortement émue , ne trouveront pas la votre indifférente ; quelques tableaux qui, présentés par une main plus habile, produiraient sans doute un plus grand effet ; voilà tout ce que je me propose de vous offrir.

Long-temps avant l'aimable Hermite de la Chaussée-d'Antin et de la Guyane , avant l'Her- mite en Province , en prison , ou hors de prison , il y a eu des Hermites dans le monde qui réunis- saient la vertu au talent, et présentaient, sous les formes les plus modestes , l'instruction la plus variée et la plus solide.

C'est de l'un de ces Hermites, disciple du cé- lèbre abbé de Montcassin, que je tiens les détails dans lesquels je dois entrer pour fixer votre attention sur ce qui précéde, accompagne et suit le sacre et le couronnement de nos Rois.

Ne croyez pas que ce soit ici une pure fiction de ma part; il y a plus de vérité historique dans ce que je vais exposer, qu'il n'y a de supposition. Si tout n'est pas d'une vérité rigoureuse, tout non plus n'est point le fruit de l'imagination, et dans ce que vous allez lire, il y a encore plus de vérité que de vraisemblance.

Je n'ai plus qu'une précaution à prendre pour vous disposer à me lire avec confiance; c'est de vous dire quel était ce respectable enfant de St.-Benoît, où je l'ai connu, et comment il s'était occupé si particulièrement de l'objet des conférences que je vais rappeler.

Dom l'Heureux était un vieillard encore sain et vigoureux, qui avait passé une partie de sa vie à St.-Denis, une autre en l'abbaye de St-Remi de Reims, et qui croyait avoir trouvé une dernière retraite en celle de Corbeny, lorsque les décrets de l'assemblée nationale constituante licencièrent toutes les corporations religieuses ou séculières des deux sexes, liées par des vœux, ou même essentiellement libres.

Ces décrets foudroyans pour le plus grand nombre, plùrent à quelques-uns, et furent exécutés par tous ceux qui en furent frappés.

Dom l'Heureux était connu et estimé dans la contrée. Il demanda, en sortant de son cloître, et obtint, sans peine, de l'acquéreur des Creutes, près d'Urtcbise, la permission de se retirer en ces souterrains et d'y cultiver un petit champ qui les avoisinait. L'idée qu'on se fait des pères du désert, qui partageaient leur temps entre la prière et le travail, pouvait lui convenir, sauf l'austérité des mœurs de ces derniers, dont la légende a fait des hommes extraordinaires et même un peu sauvages. Dom l'Heureux était doux et affable. La société des hommes n'avait pour lui rien d'odieux, et son abord ne se ressentait ni de l'âpreté de l'orgueil, ni de la bassesse de l'idiotisme.

C'est-là, sur le plateau de Craonne, devenu depuis célèbre par une bataille qu'y remporta l'Empereur Napoléon, le 7 Mars 1814, que je l'aperçus pour la première fois.

C'était un jour du printemps de l'an 1793, qu'étant allé sur cette montagne remarquable par les divers bassins qui la bordent en diverses directions, je vis ce respectable Hermite occupé de la culture de son jardin. Je l'abordai avec confiance et simplicité; il me rendit justice, en me répondant de la même manière. Je remarquai une teinte de mélancolie, sur son visage et dans ses discours, qui m'intéressa.

C'est donc ici pour vous la Thébaïde, mon révérend père?—Oui: elle est partout pour l'homme qui ne redoute pas la solitude et qui sait partager

son temps entre la prière et le travail. Je la trouvais
autrefois dans une abbaye voisine de ces lieux ; je
la trouve aujourd'hui encore mieux dans ces Creutes. Vous ne sortez pas de l'abbaye de Vauclair ?
— Non. — C'était là une abbaye de Bernardins. —
Apparteniez-vous à celle de Cuissy ? — Non, c'était
une abbaye de Prémontrés ; j'appartenais à celle de
Corbeny, et je suis aujourd'hui placé entre ces trois
vastes monumens, tous sortis peut-être de cette belle
carrière et prêts à disparaître de la surface de la
terre. — Il est vrai que le siècle présent n'est
pas favorable à ces institutions fastueuses, jadis
utiles. — Si l'âge présent ne méritait d'autre reproche que celui de ces suppressions, ce ne serait
rien. Mais.... — Achevez, achevez, homme respectable ! donnez un libre cours à vos réflexions, à
vos chagrins, et même à vos larmes. Il m'entendit
avec plaisir, me tendit ensuite la main, et le suivant sans résistance, je fus introduit dans une
grotte pratiquée en une carrière, simplement mais
proprement meublée, dont il avait fait sa demeure. Nous nous assîmes l'un à côté de l'autre,
et après un soupir échappé naturellement de son
cœur, il me fit entendre ces mots prononcés avec
émotion et fermeté : notre siècle est bien pervers,
Monsieur ! il vient de déclarer ouvertement la
guerre à la vertu. L'autel et le trône n'ont pu lui
servir d'asile contre sa fureur; et, dans sa frénésie

cruelle, après avoir immolé les Prélats les plus
saints, les Vierges les plus innocentes, le Roi le
plus homme de bien de son royaume, il a renversé audacieusement la religion la plus auguste
et la monarchie la plus florissante. Je ne me
croyais pas destiné à voir de tels malheurs sur
la fin de ma carrière. Comment aurai-je pu m'y
attendre de la part d'une nation idolâtre de ses
Rois, lorsque j'avais vu toutes les puissances du
ciel et de la terre se réunir au sacre et au couronnement de Louis XVI! ce Roi martyr, dont
la mémoire, comme celle du juste, durera éternellement?

Jeune encore et léger comme un Français, je fus
pourtant frappé de ces paroles, et partageant son
émotion, je lui dis avec une sorte d'admiration!
quelle est donc cette cérémonie du sacre et du
couronnement dont vous parlez avec tant d'enthousiasme? en quelle qualité avez vous pu y prendre part? quels en sont l'origine, l'objet, le mode
et les avantages? — Voilà bien des questions auxquelles mieux que personne je puis répondre. Je le
ferai sans doute avec plaisir, mais j'ai besoin d'un
peu de recueillement pour vous donner satisfaction. Je suis toujours libre. Quand vous viendrez
vous promener sur ce plateau, prenez la peine de
tourner vos pas de mon côté, vous me ferez en
tout tems beaucoup de plaisir.

Je quittai ce respectable Hermite, ou plutôt il m'accompagna jusqu'au penchant de la montagne de Craonnelle. La gloire passée et les maux présens de la France, lui fournissaient des traits animés qui me causèrent de temps à autre beaucoup de surprise. Je hasardai quelques réflexions sur les abus qui s'étaient glissés partout. — Les abus ! le plus grand de tous, c'est de tout détruire, pour les corriger.

J'étais loin de soupçonner à cette époque que les instructions que j'avais demandées à Dom l'Heureux pourraient, trente-deux ans après, être mises en ordre pour être offertes au public. Je le ferai cependant, en suivant celui des promenades dans lesquelles je les recueillis.

Si je pouvais encore croire à l'existence de ce vénérable cénobite, je lui dédierais ce faible travail auquel il aurait tant de droit. Mais ne pouvant pas le présumer, j'en fais hommage à tous les hommes monarchiques et religieux de France, auxquels, peut-être, Dom l'Heureux l'aurait destiné. Ils sont représentés à mes yeux par le respectable magistrat qui a bien voulu l'agréer.

PREMIÈRE PROMENADE.

Quelques jours se passèrent sans que je diri-
geasse mes pas du côté des Creutes. Dom l'Heureux m'attendait. A peine m'eut-il aperçu, le 1.er
mai, qu'il eut l'extrême bonté de venir audevant
de moi, de me faire d'aimables reproches et ra-
menant la conversation sur le sujet qui nous avait
occupé dans notre première entrevue, il me dit:
je suis en état aujourd'hui de répondre aux questions que vous m'avez faites et nous commen-
cerons par la première de toutes , l'origine du
sacre des Rois.

Vous ne croirez pas que (1) c'est une cérémonie
que le faste a introduite dans le monde. C'est
une véritable consécration ordonnée par Dieu lui-
même , de ceux qu'il a choisis pour régner sur
les nations. Ce n'était pas même aux Rois seuls
que la faveur de l'onction était accordée; les pon-
tifes, les prophètes, les temples même la partageaient avec eux.

Consacrez avec l'huile , dit le Seigneur , toutes
les choses qui appartiennent à mon culte; afin

---

(1) Menin, *Traité historique et chronologique,* chap. I, p. 1 et suiv.

qu'elles soient saintes (1). C'est en exécution de cet ordre suprême que Dieu voulut, sous l'empire de la loi, que les Rois, qui sont ses lieutenans sur la terre; que les prêtres, qui sont ses ministres, pour lui offrir des sacrifices ; que les prophètes, qui sont ses hérauts, pour annoncer ses volontés ; que les temples qui sont des lieux préparés pour sa demeure, où le dépôt de ses commandemens ; que les autels d'où s'exhale une sorte de suavité devant sa face, fussent consacrés et sanctifiés par l'onction. L'onction des Rois a donc commencé par l'ordre de Dieu à Saül. (2) Elle a continué par David et Salomon, et les Rois d'Israël et de Juda ont été sacrés à leur exemple.

La voix de Dieu se fit entendre à Samuël. Il ne fit qu'obéir au Seigneur, en sacrant Saül, et David après lui, en répandant une partie de l'huile sainte ou préparée à cette fin sur leur tête , en les embrassant ensuite pour les saluer en cette nouvelle dignité. Prévoyant les désordres qui pourraient s'élever entre ses enfans pour lui succéder, David en sa vieillesse, ordonna que l'on fît monter Salomon, son fils, sur une mule richement parée, qu'on le conduisît en triomphe en la ville de Gehon pour y être sacré, comme Roi d'Israël et de Juda, par le Grand-Prêtre Sadoc ; ce qui fut exécuté avec magnificence au son des trompettes et aux

---

(1) Liv. I des Rois, Chap. IX.

(2) St.-Augustin, in Psal. 104 et 44.

cris d'allégresse du peuple , qui disait à haute voix , vive le Roi Salomon. (1)

Je pourrais vous faire observer, que tous les Rois d'Israël et de Juda, reçurent ainsi l'onction sainte ; que l'huile préparée par Samuël était gardée précieusement dans le tabernacle; qu'elle servit toujours à cet usage pendant près de neuf cens ans, jusqu'à la destruction du temple de Salomon.

Je pourrais vous faire remarquer que les Rois de Syrie , comme ceux d'Israël et de Juda , reçurent aussi l'onction sainte , par l'ordre exprès du Seigneur, que le prophète Elie alla sacrer Azaël (2). Vous le verriez déposer dans ses mains les tables des loix qu'il recevait des mains des Lévites , pour donner à connaître qu'il les maintiendrait. C'est ainsi que le Grand-Prêtre Joïadas se disposant à sacrer Joas, fils d'Ochosias , lui mit d'abord le diadème sur la tête, l'oignit ensuite , au milieu des acclamations du peuple; que le Roi vive éternellement. *Vivat Rex in æternum.*

A la vérité, la royauté en France pourrait se passer de ces saintes cérémonies, au lieu qu'elles étaient de nécessité chez les peuples anciens. Le Roi ne meurt pas en France , et la transmission de la royauté s'opère par le décès du titulaire à celui que sa naissance appelle à lui succèder ; sage

---

(1) Liv. IV des Rois , Chap. XI.
(2) Liv. IV des Rois , Chap. XI.

disposition, qui met un frein à l'ambition et préserve le peuple des secousses des guerres civiles.
Mais ce n'est pas moins en imitation de ce qui se
pratiquait sous le régne de la loi juive que nos
Rois reçoivent l'onction sainte qui semble avoir
continué en Clovis, depuis Saül jusqu'à Louis XVI,
sauf quelques exceptions.

Vous voyez que ces cérémonies, cette onction,
ce couronnement ont une origine céleste. Que c'est
le grand Maître de l'Univers qui les prescrivit à ses
ministres, pour faire des Rois les dépositaires de sa
puissance, pour les montrer aux peuples comme
revêtus d'un caractère sacré qui les rendit invio-
lables à leurs yeux, pour les remplir de cette
force, de cette sagesse dont les Rois, comme chefs
des nations, ont essentiellement besoin pour régler
leurs destinées, en repoussant les attaques de leurs
ennemis, en faisant prospérer parmi elles les institutions favorables à l'industrie, aux sciences,
aux mœurs, et assurer ainsi leur félicité à jamais.

Je crains de vous fatiguer, par l'étalage de mon
érudition. Mais vous ne doutez pas que celui qui,
pendant quinze ans a été gardien ou conservateur
du trésor de St.-Denis; qui a été employé pendant
vingt ans dans les mêmes fonctions à St.-Remi ;
qui depuis sa retraite à Corbeny, n'a cessé de
s'occuper de tout ce qui se rapporte au sacre
de nos rois, puisse vous en parler pertinemment

au risque de vous ennuyer. Mais, pour prévenir
cet inconvénient, allons faire le tour de la montagne.
Nous verrons des sites, un château qui a apparte-
tenu aux comtes de Roucy, aux Luxembourg, à la
branche cadette des La Roche - Foucauld, et qui
appartient encore à la veuve du duc de Béthune-
Charost, la maison jadis royale de la Bove, les vastes
bâtimens, les belles possessions des abbayes de
Vauclair, de Cuissy et de Corbeny, où je croyais
avoir trouvé ma dernière demeure. Il faut d'a-
bord que vous visitiez mon jardin, et si vous
n'y trouvez point d'obstacle, que je vous présente à mon bienfaiteur, ce bon et respectable
M. l'Am. T., qui me croirait malade, si je n'allais
le saluer, suivant mon habitude de tous les jours.

Flatté de ce plan et surtout de cette dernière
proposition, nous admirâmes les progrès de la
végétation. Elle avait été tardive dans ses déve-
loppemens. Mais tout avait, pour ainsi dire, en
une quinzaine, réparé le temps perdu. Les pêches,
les prunes, les cerises de Dom l'Heureux grossis-
saient à vue d'œil; elles étaient abondantes, et la
vigne poussant avec vigueur, montrait des grappes
nombreuses et d'une grande force. On était au
moment où la nature riche, féconde et généreuse
prodigue à l'homme ses promesses, et où l'homme,
confiant en la divinité, s'abandonne si volontiers
à la douce espérance.

Nous n'étions pas encore arrivés à la demeure de M. l'Am. T. , lorsque nous l'en vîmes sortir ; il venait lui-même visiter Dom l'Heureux. Celui-ci lui témoigna sa reconnaissance, et lui dit, en me présentant à lui comme un ami, que mon arrivée l'avait privé de se rendre de meilleure heure chez lui. Il obtint son pardon ; mais à une condition aussi agréable pour lui, que honorable pour moi : celle d'aller partager son dîner, à l'heure ordinaire et sans façon. Il m'engagea lui même à parcourir cette belle montagne , nous témoignant le regret de ne pouvoir pas nous accompagner.

Arrivés auprès de la ferme d'Urtebise, mon guide me fit remarquer la belle route nouvellement tracée pour l'usage des dames de France, depuis l'Ange-Gardien jusqu'à la Bove , château bâti depuis peu de temps pour elles dans une position charmante , fraîchement et magnifiquement meublé. Les meubles avaient disparu par suite de la confiscation des biens des émigrés ; l'on vendait les parquets, les grilles et les lambris. Depuis, le château même a été démoli, la charpente, le plomb, le fer, les pierres employées dans sa construction , tous les matériaux , ont été vendus. Le vandalisme a fait disparaître ce monument d'élégance et de goût.

Dans le même moment, nous vîmes tomber sur notre gauche, un énorme pan du château de Neuville, appartenant à M. de Belzunce, dont il reste encore quelques lambeaux élancés dans les airs, qui attestent, à l'âge présent, par leur solidité, que ce monument du onzième siècle pouvait durer long-temps encore. Quand la puissance féodale est détruite, les monumens qui rappellent son exis- tence n'ont rien de dangereux, ni de menaçant, et l'histoire, les arts et le paysage surtout, en réclament la conservation; devant nous, sous nos pieds, l'église de Vauclair, moins ancienne d'un siècle que le château de Neuville, subissait le même sort. Il en existe encore quelques vestiges que les dessi- nateurs s'empressent, avec raison, de recueillir. S'ils ont résisté jusqu'à ce jour à la puissance du temps ou de l'homme, ils finiront par succomber, parce que tout doit céder à la longue, à l'action de l'un et de l'autre! Ces tableaux m'attristaient; Dom l'Heureux s'en apperçut et détournant mon attention, il me demanda si je connaissais M. L., culti- vateur à Urtebise, dont il me vanta le bon sens, la bonne éducation et l'habileté dans son utile et respectable profession. Sur ma réponse négative, il ajouta qu'il me le ferait connaître et il m'intro- duisit en effet chez lui. Sa basse-cour bien peuplée, ses écuries remplies de troupeaux de moutons, de vaches et de chevaux, augmentés par la multi- plication des uns et des autres, présentaient l'image de l'abondance. Tout le luxe de cet agriculteur est dans ses bergeries, ses granges et ses champs. Sa demeure est de la plus grande simplicité, quoique propre. L'air ouvert avec lequel il nous accueillit, justifiait bien l'opinion que Dom l'Heureux m'avait donnée de lui. Après les complimens d'usage, il nous offrit de partager son dîner avec nous, ce qui ne put être accepté. La partie fut remise indéterminément, et après avoir admiré l'ordre établi dans ses divers bâtimens, comme entre ses ouvriers des deux sexes, nous prîmes congé de lui et continuâmes notre promenade jusqu'à la butte du moulin de l'abbaye de Vauclair.

Arrivés sur cette éminence, faite de main d'homme, un coup d'œil sur l'horison qui nous fit découvrir Bouconville, Craonne, Roucy, dont le beau château semble sortir des flancs de la montagne, me parut suffisant, et j'invitai Dom l'Heureux à reprendre, après nous être assis sur cette même butte, le récit qu'il avait interrompu dans sa vaste et profonde carrière; il le fit en ces termes :

L'empire romain s'était écroulé de toute part et le paganisme avec lui. Les bûchers qu'il avait élevés s'éteignaient en tous lieux, et les bienfaits de la religion du Christ se répandaient sur les nations comme sur les souverains.

Le grand Constantin avait fait broder sur ses étendards le signe glorieux de la croix, il y avait plus d'un siècle, lorsque le grand Clovis, ayant à combattre les Allemands à Tolbiac, fit le serment

d'embrasser avec tout son peuple le Christianisme ,
s'il remportait la victoire. Ses vœux, que partageait
son armée, furent exaucés. Il fut fidèle à sa promesse, se fit instruire dans la foi chrétienne, reçut
le baptème par immersion des mains de St-Remi,
dans les fonts baptismaux de l'église de Notre-
Dame de Reims, et dans cette même église, la
veille de Pâques de l'année quatre cent quatre-
vingt-dix-sept de Jésus-Christ, et la vingt-cin-
quième année de son règne, il devint Roi chrétien
de Roi infidèle qu'il était auparavant. L'on doit
ajouter qu'il devint Roi très-chrétien et fils aîné
de l'église par l'onction de la Sainte-Ampoule. Car,
non content de lui avoir conféré la grâce baptis-
male, il lui conféra aussi celle de généreux dé-
fenseur de l'église, par l'onction du chrême céleste,
apporté par un ange, sous la forme d'une colombe.
Ces titres honorables lui furent dès-lors d'autant plus
légitimement acquis, à lui et par transmission, à tous
ses successeurs, qu'il fut véritablement le premier Roi
chrétien qui ait été sacré en Roi. Constantin lui-
même, quoiqu'il eût embrassé le christianisme plus
d'un siècle avant lui, avait à la vérité reçu le baptème,
la confirmation et l'eucharistie peu de jours avant sa
mort, arrivée l'an 337. Mais ni lui, ni ses successeurs,
long-temps encore après lui, n'obtinrent la faveur insigne d'être sacrés en Empereurs. Andronic le jeune,
qui ne fut élevé à l'Empire qu'en 1327, fut le premier

des empereurs d'Orient qui reçut l'onction sainte
en cette qualité. Ainsi la prérogative de fils aîné
de l'église appartient véritablement à nos Rois;
soit à cause de leur consécration spéciale , soit à
cause de leur constance inébranlable dans les sen-
tiers de la foi catholique.

Voilà l'origine bien exacte de l'institution sublime
du sacre de nos Rois. La Sainte-Ampoule , je le sais,
a fourni matière à quelques observations critiques
dans un siècle plus disposé à l'incrédulité qu'au
maintien de la foi. Mais un fait cru invariablement
par toutes les générations qui se succédèrent depuis le sacre de Clovis, en 497, jusqu'à celui de
Charles-le-Chauve, en 869 , fondées sur la tradition
et la doctrine des évêques , jusqu'à Hincmar, qui le
démontra dans l'église deSt-Etienne de Metz, dans la
harangue par lui prononcée, les prélats et les grands
du royaume assemblés, avant et pour cette auguste
cérémonie ; un fait, dont la croyance s'est ainsi
conservée jusqu'à nos jours depuis quatorze siècles,
ne doit pas être contesté légèrement. Au reste ,
il n'y a et ne peut y avoir aucun inconvénient à
admettre ce qu'ont cru nos aïeux, et il pourrait
y en avoir beaucoup à en affaiblir la croyance, et
à s'en écarter. Cette règle générale trouve ici une
juste application , et je vous engage à vous en
souvenir, si un jour notre nation corrigée d'un
travers qui tient de la frénésie, rétablit ce trône qu'elle

a malheureusement renversé ; si elle rentre dans
ces principes d'ordre qui ont formé les habitudes
et les vertus de nos pères. Je suis sans doute trop
âgé pour pouvoir espérer de voir s'opérer un retour
si désirable ; mais vous, vous, jeune encore, vous
le verrez, je n'en doute point. Vous voudrez bien
alors vous souvenir de l'hermite de Corbeny. Dom
l'Heureux regarda en ce moment sa montre ; nous
serons grondés, dit-il, retournons vite aux Creutes.

Nous ne le fûmes cependant pas. Le couvert
était mis, et le dîner prêt ; mais on nous attendait
sans impatience.

M., Mme l'Am. T., sa mère et la fille de cette
dernière ; Dom l'Heureux et moi, nous nous assîmes
à table, et le repas fut gai, plus que je n'avais pu
le prévoir et l'espérer. Nous n'y bûmes d'autre vin
que celui des Creutes, ou des récoltes de M. l'Am. T.
Mais ce vin était d'une bonne année et d'une excel-
lente qualité. La famille de ce propriétaire m'offrit
l'image des vertus patriarchales. Rien de plus aimable que les quatre personnes qui la composent ;
tout le monde avait mis la main à la préparation
de ce repas, sans profusion, mais proprement et
délicatement apprêté. Melle l'Am. T. était allé prendre
les pigeons au colombier ; sa grand-mère les avait
plumés ; Mme l'Am. T. les avait assaisonnés et fait
cuire. M. l'Am. T. avait été chercher les légumes à
la cave, une salade au jardin, des fruits bien con-

servés dans le cellier, un plat de fraises de virgínie;
quelle omelette et quelle crême nous furent servis!
Le lait bien pur des vaches de la maison, les œufs
frais des poules de la basse-cour en avaient fait toute
la dépense. Jamais on ne mangea rien de meilleur. La
grand'maman chanta un vaudeville nouveau, lorsqu'elle était jeune, et nous rîmes de bonne foi;
malgré la gravité de son caractère, Dom l'Heureux
répondit à ce vaudeville par un autre de sa façon,
qui n'était pas moins piquant.

Au sortir de table, on alla parcourir les belles
propriétés de M. l'Am. T., cultivateur instruit, qui
réunissait la théorie à la pratique, et qui avait
surtout inspiré un tel respect et une telle confiance
à ses domestiques et à ses ouvriers, que rien de
ce qu'il avait commandé aux uns et aux autres,
n'était négligé, ni oublié.

Après une promenade d'une heure, je pris congé
de cette aimable famille qui avait pris à tâche de
nous procurer tant d'agrément, et qui se joignit
à Dom l'Heureux pour m'engager à revenir la visiter,
si j'étais content de l'accueil que j'avais reçu d'elle.

DEUXIÈME PROMENADE.

Quatre jours se passèrent, non sans me promener,
ce qui ne pourrait se faire à la campagne, à moins
d'être malade; mais avant mon retour aux Creutes.
Je visitai de près, dans cet intervalle, quelques-
unes des localités que j'avais vues de loin, et je
me familiarisai si bien avec ces sites, que depuis ils
ne se sont jamais effacés de mon souvenir; mais le
cinquième jour, de très-bonne heure, je m'ache-
minai aux carrières où je trouvai mon estimable
hermite. Je m'ennuyais de ne pas vous revoir, me
dit-il, en m'abordant : combien de choses nous
avons à nous dire! j'ai retrouvé dans ma mémoire
un nombre infini de faits et de pensées qu'il est
important que je vous communique, autant sur ce
qui précède le sacre des Rois, que sur l'objet même
de cette imposante cérémonie, avant de vous en
exposer les détails et les effets.

Par suite des dispositions de la loi salique, nous
l'avons dit, le Roi était appelé à exercer l'autorité
suprème par le droit de sa naissance, et sa puissance
n'eût pas cessé d'être légitime, pour avoir omis de
se faire sacrer.

Mais il pensait qu'il était éminemment utile , non-seulement pour lui-même, mais aussi pour l'intérêt de l'état et la conservation de la paix publique, de prendre la religion pour témoin du pacte qu'il allait faire dans son sacre, avec le clergé, les grands et le peuple, et ainsi, de faire de l'obéissance de tous un devoir dont ils ne pussent jamais se dispenser sans crime.

Dans cette vue, lorsque le monarque avait indiqué la ville et fixé le temps où il voulait qu'eût lieu cette auguste cérémonie, autant politique que religieuse, il en donnait avis par lettres closes au prélat ou au pontife, que lui désignait sa confiance, à ceux de ses confrères qui devaient l'assister, à tous les grands vassaux de la couronne et autres illustres personnages , pour qu'ils voulussent bien s'y rendre et y prendre part, en y concourant par un service personnel. L'histoire nous a conservé parmi ses monumens les lettres que, de sa main royale , le monarque adressait aux uns et aux autres, à l'approche de l'époque qu'il avait déterminée.

Dans cet intervalle, tous les préparatifs que chacun avait à faire, se faisaient. Le grand-maître de cérémonie traçait le plan du cérémonial sous les yeux du Roi; exécutait dans l'intérieur de l'église , où le sacre devait avoir lieu, tous les travaux à faire pour que les rangs fussent observés et qu'il n'y eût ni contestation, ni désordre, ni embarras, ni

confusion. Les religieux de St-Denis avaient ordre
de retirer du trésor à eux confié, les ornemens
requis pour l'usage des Rois et de les transpor-
ter dans la Basilique où devait se faire la cérémonie ; tels que la camisole, les sandales, les
bottines, les éperons, l'épée, la tunique, la dalmatique, le manteau royal, le sceptre, la main de
justice, la grande et moyenne couronne, lesquels sont
ensuite rendus à l'abbé de St-Denis , pour les remettre aux lieux où l'on a l'habitude de les conserver.

Dom l'Heureux ne put achever cette nomencla-
ture sans pousser de profonds soupirs ! Il avait été
chargé de les accompagner à Reims pour le sacre et
le couronnement de Louis XVI ; ce souvenir lui pesait
encore sur le cœur. Là, aussi devait, d'avance et avec
les précautions les plus grandes, être apportée la
Ste-Ampoule , si le sacre ne devait pas se faire en celle
de Reims. Si au contraire c'était en cette dernière
ville qu'il devait avoir lieu , l'on suivait un cérémonial particulier pour son transport de l'abbaye
de St-Remi , en l'église de Notre-Dame de Reims.
Telle était la confiance, et tel était le prix que mettaient
les religieux de St-Remi à cette inestimable possession , qu'ils ne la perdaient pas un instant de
vue. Telle était aussi la confiance et la conviction
du monarque , des prélats et des grands du
royaume, qu'avant de se rendre à l'église métropolitaine , le prince envoyait quatre seigneurs

à St-Remi, afin de l'obtenir, en engageant leur parole et leur foi pour la remise de cette précieuse relique. Quant à son transport de l'abbaye de St-Remi en la cathédrale de Reims, l'abbé, ou à son défaut le grand-prieur de cette abbaye, monté sur une haquenée blanche, sous un dais de damas blanc à fleurs d'or, que portaient quatre religieux, de son ordre, revêtus d'aubes blanches, escortés des quatre *Chevaliers* de la Sainte-Ampoule, envoyés par le Roi, se rendaient processionnellement en la cathédrale de Reims, et suivi de tous les religieux de son couvent, revêtus de chappes d'étoffe d'or et d'argent, la portait supendue à son col.

A l'arrivée de la Sainte-Ampoule, M. l'archevêque de Reims, marche à sa rencontre, vêtu pontificalement, accompagné des évêques, ses suffragans, et de quelques chanoines de l'église métropolitaine, précédé de sa croix et de sa crosse, jusqu'au portail de la même église.

Là, le pontife reçoit et prend des mains de l'abbé, ou grand-prieur de St-Remi, la Sainte-Ampoule, avec promesse de la rendre et restituer aussitôt après la cérémonie du sacre, et retourne au grand autel, suivi du religieux qui l'a apportée; ceux qui l'ont accompagné demeurent hors du chœur, ou se retirent dans une chapelle, pour, à la fin du sacre, retourner à St-Remi, dans le même ordre qu'ils sont venus.

Quand l'archevêque est arrivé au grand-autel,
tenant la St-Ampoule, le roi se lève pour la saluer,
et le grand-prieur ou l'abbé de St-Rcmi se place
au côté droit du grand-autel, comme témoin de
ce qui se fait de ce précieux dépôt. L'abbé de St-
Denis, ou le grand commandeur de cette abbaye,
se met de l'autre côté de l'autel, pour garder et
administrer, lorsqu'il en est besoin, tous les habits
royaux dont il a été fait mention, lesquels sont
étalés et disposés sur l'autel pour y servir au sacre
et au couronnement.

Tandis que M. l'archevêque va recevoir la Sainte-
Ampoule, et lorsqu'il retourne au grand-autel,
le chœur exalte dans une antienne le mérite et le
prix de cette relique, en rappelle l'origine céleste
et le célébrant remercie dans une oraison prononcée
à haute voix, le Seigneur tout puissant du don que
dans sa libéralité, il a daigné faire à l'église et au
royaume de France. Vous serez peut-être bien aise
de connaître l'une et l'autre, pour en faire l'ornement de votre mémoire. Les voici, autant qu'il
m'en souvient (1) :

O pretiosum munus ! ô   O don précieux ! ô perle
pretiosa gemma ! quæ pro   inestimable ! qui a été en-
unctione Francorum Re-   voyée du ciel, et apportée

_____

(1) L'on s'aperçoit que l'arrivée de S. M. à la porte de l'église métropolitaine de Reims, la veille du sacre, est ici passée sous silence,
parce qu'il en sera parlé plus loin.

par le ministère des anges pour le sacre des Rois de France.

℣. J'ai trouvé mon serviteur David.

℟. Je l'ai sacré de mon huile sainte.

ORAISON.

Dieu tout-puissant et éternel, qui par un don spécial de votre piété avez ordonné que les Rois de France fussent consacrés par une onction sainte ; accordez-nous, s'il vous plaît, que N. votre serviteur et notre Roi, étant fortifié par la vertu de cette huile, qui fût envoyée de Dieu à St-Remi, s'avance toujours dans votre service à la faveur de votre grâce, et soit délivré de toute infirmité par votre infinie miséricorde. Par notre Seigneur Jésus-Christ votre fils, qui, étant Dieu

gum ministerio Angelico cœlitus est emissa.

℣. Inveni David servum meum.

℟. Oleo sancto unxi eum.

OREMUS.

Omnipotens sempiterne Deus, qui pietatis tuæ dono, genus Regum Francorum Oleo perungi decrevisti, præsta, quæsumus, ut N. famulus tuus Rex noster perunctus hác sacrá et præsenti unctione, sancto pontifici Remigio emissa divinitùs et in tuo servitio semper dirigatur, et ab omni infirmitate misericorditer liberetur. Per Dominum nostrum Jesum Christum Filium tuum, qui tecum vivit et regnat in unitate Spiritûs sancti Deus ; per omnia sæcula sæculorum. Amen.

vit et règne avec vous en l'unité du Saint-Esprit,
par tous les siècles des siècles. Ainsi soit-il.

Je m'apperçois qu'il me faut revenir sur mes pas,
pour ne pas m'écarter du plan que je me suis
tracé, et, quant à présent, me borner à faire connaître les préparatifs du sacre.

Au jour indiqué par S. M., elle se présente à la
porte de Reims, précédée de plusieurs courriers,
d'une force armée à laquelle, pour le maintien du
bon ordre, se joint la garde bourgeoise. Avant
d'entrer dans la ville, elle reçoit les complimens du
magistrat, du recteur de l'université, et les clefs
en or et en argent lui sont présentées par une
jeune personne qui est le symbole de la cité même.

Je vous ferai peut-être plaisir, en vous retraçant
ici les apprêts de la réception d'un Roi à son arrivée à Reims, tels que je les ai vu décrits dans
un cahier du XVe siècle, conservé par l'un des plus
infatigables compilateurs que l'on connuaisse (1).
Mais si le style simple et naïf de cet âge rencontre
des amateurs, j'aurais à craindre aussi qu'une copie

(1) Théodore Godefroy, cérémonial français, tome I, page 186 et
suivantes.

Les amateurs du style simple et naïf du quinzième siècle ne seront
pas fâchés d'en rencontrer ici un échantillon des mieux conservés.
Ceux qui ont lu le *Puits d'Amour*, la *Danse des Aveugles*, recon-
naîtront dans les vers et les allégories que nous allons mettre sous
leurs yeux le goût du temps qui les vit paraître.

J'aurais *pu*, sans doute, *donner* le récit de la réception faite à exacte de ce récit ne vous fatiguât trop , soit à cause de la difficulté de l'intelligence du texte , soit à cause de ses longueurs, que le goût moderne semble proscrire.

Le monarque était prêt à entrer dans la ville, lorsque tout-à-coup, comme par enchantement, une jeune et belle personne se trouva en sa présence. Ses cheveux, couleur d'or, pendaient jusqu'à sa ceinture. Elle était coeffée d'un chapeau d'argent doré , garni de fleurs brillantes. Sa robe était d'un drap de soie ; les corps et les manches, couleur d'azur , étaient parsemés de fleurs de lis d'or ; le bas de couleur blanche, relevé d'une garniture de soie verte. Dans cet appareil séduisant , elle figurait la ville même de Reims , le reconnaissant comme son maître , et lui présentant ses clefs , en lui adressant les vers suivans :

Notre roi, prince, et souverain Seigneur,
Très-chrétien , nommé par excellence,
A qui sont dûs, gloire, louange , honneur,
Subjection, amour et révérence ;
Votre cité de Reims obéissance
Vous fait par moi qu'ici la représente,
Et de Francœur, en vraie confidence ,
Les clefs des portes humblement vous présente (*).

Louis XVI , comme M. Chaalons d'Argé , mais j'ai préféré l'historique de la réception faite à Charles VIII , près de 300 ans auparavant. L'appareil ancien m'a plu d'avantage.

(*) En conservant cette composition qui porte le cachet du XVᵉ siècle, j'ai cru devoir traduire les récits dans lesquels elle est intercalée , pour y donner une forme plus moderne. Les amis de ce langage naïf, trouveront peut-être que je les ai gâtés. Mais il fallait les rendre intelligibles et surtout écarter l'ennui.

Enchanté de cette offre et de ce présent, le roi ordonna à l'un des serviteurs qui l'entouraient, de prendre ces clefs, pour les déposer dans les appartemens, qui l'attendaient au palais archi-épiscopal, et au même instant, la Nymphe s'éleva dans les airs, et retourna aux lieux d'où elle était descendue.

Une autrefois, sous Henri II, ce fut encore une demoiselle qui fut chargée de la présentation des clefs de la ville. Mais on imagina un autre moyen de la faire arriver en présence du Roi; une machine, que les auteurs du temps disent d'une *rare invention*, était placée sur un théâtre à l'entrée de la porte de Vesle. Elle faisait paraître un soleil en forme d'une pomme ronde, ou d'un globe, qui paraissait avoir mouvement, dans lequel était enfermé un cœur rouge et en icelui une jeune fille âgée de 9 à 10 ans, richement parée, vêtue d'or et d'argent. Le roi approchant de la porte et considérant le théâtre, le soleil aussitôt s'ouvrit pour donner passage au cœur, lequel s'étant séparé en deux, l'on aperçut cette belle fille, tenant les clefs de la ville de la main droite, qu'elle présenta au roi, en récitant ces vers :

> Roi très-chrétien, fleur de nobilité,
> Espoir de paix et de tranquillité,
> Moi, votre Ancelle! quisReims vous représente,
> D'un cœur ouvert plein de fidélité,
> Comme à mon Roi, en toute humilité,
> Les clefs des portes humblement vous présente.

Le Roi prit plaisir à considérer cet ingénieux artifice, et la jeune fille s'étant retirée dans le même cœur, il se ferme à l'instant par ressort et remonte prendre sa place dans le soleil, qui s'entrouvrit de temps en temps, comme une belle fleur, pour récréer les passans.

Vis-à-vis la porte avait été apporté, pour recevoir le Roi, le pallion, dais superbe, de damas de Perse, semé de fleurs de lis d'or, élevé sur quatre lances, au sommet desquelles on voyait quatre génies, dont deux portaient les armes du Roi, et les deux autres, celles de la ville de Reims.

En attendant qu'il passât sous ce dais, le grand écuyer, portant l'épée en écharpe, se tenait la face tournée vers lui; mais à l'approche du Roi, il se rangea à sa droite, quatre personnages considérables, parmi lesquels figurait au premier rang Philippe de Bezannes, Echevin et prévôt de l'échevinage, s'approchèrent du roi qui se plaça dessous, et fut ainsi conduit jusqu'au portail de l'église de Reims. Avant d'y arriver, diverses stations ou reposoirs avaient été disposés, de distance en distance, pour embellir son passage et piquer sa curiosité. Nous allons donner un moment d'attention aux divers tableaux offerts ainsi à sa vue, pendant tout le trajet de la porte de la ville à celle de la Métropole.

Vous dire qu'au nombreux cortége groupé autour du roi, se joignait une foule immense qui partout faisait retentir les airs de ses acclamations,

ce n'est pas là ce qui étonne des Français, toujours
idolâtres de leurs Rois; nous ne nous occuperons
pas d'un tableau toujours mouvant, toujours nouveau qui occupait tous les espaces et les croisées de
tous les hôtels qui bordaient le passage de Sa Majesté royale. Mais aussitôt qu'elle eut passé sous la
première porte, elle découvrit d'un coup-d'œil, jusqu'au boulevard, la rivière de Vesle, où répandus
et distribués sur un grand nombre de nacelles, des
jeunes gens joutaient entr'eux, et représentaient un
combat naval. Quelques-uns d'entr'eux furent cul-
butés ou entraînés dans les eaux, mais sans courir
le danger de se noyer. Contre le boulevard était la
fontaine de Jouvence, qui sans cesse jetait de l'eau,
où se baignaient des gens de tous les états, pour
recouvrer la fraîcheur de la jeunesse. On voyait au-
dessus de cette fontaine les personnages de Cupidon,
les yeux bandés, un poignard dans sa main, et de
Vénus, vêtue comme une dame; sur la hauteur, au
fond de la coquille de la fontaine, l'on avait tracé
les vers suivans :

> C'est la fontaine de Jouvent,
> Où les vieux se baignent souvent,
> Dont rajeunissent aussi beaux,
> Comme font jeunes Jouvenceaux.

On voyait au-dessus de la grosse porte jumelle
de la porte de Vesle, les armes du roi et une
grande bannière, où flottaient les armes de France.
A peine le roi l'eut-il passée, les cloches de toutes

les églises furent mises en mouvement, et elles ne cessèrent de sonner que lorsqu'il fut arrivé au palais archi-épiscopal préparé pour le recevoir. Avant d'y parvenir divers spectacles s'offrirent encore à ses regards.

Ainsi, au coin de la Magdeleine, vis-à-vis de la croix, l'on remarquait sur un échafaud deux jeunes enfans, tout nuds, qu'allaitait une louve. Chacun d'eux à son bras, portait un écriteau qui faisait connaître son nom. L'un s'appelait Reims ou Remus, et l'autre Romulus. Non loin d'eux, était un berger gardant des brebis, dont Faustulus était le nom. Auprès de ce dernier était Laurence, son épouse, à qui il recommandait de nourrir ces deux enfans. Au frontispice dudit échafaud, les vers suivans étaient écrits en gros caractère :

Deux fils jumeaux Remus et Romulus,
Nés de Rhéa, d'une louve allaités,
Par un pasteur appelé Faustulus.
Et par sa femme gardés et bien traités,
Furent depuis si hautement montés,
Qu'ils firent Rome dominant sur tous hommes;
Les gens Remus hors de Rome boutés,
Fondèrent Reims, la cité où nous sommes.

Un peu plus loin, et vis-à-vis Saint-Fiacre, on voyait, sur un autre échafaud, un roi portant une grande barbe et une longue chevelure. Il était assis sur son trône, tenant une épée nue dans une main et dans l'autre un sceptre royal; autour de sa tête était une banderolle portant ces mots : PHARAMOND,

PREMIER ROI DES FRANÇAIS. Autour de lui, étaient plusieurs personnages, à grandes barbes et chevelures qui le couronnaient, et tenaient une couronne d'or sur sa tête. Leurs vêtemens ressemblaient à ceux des Turcs et Sarrasins. Les uns étaient armés, les autres étaient sans armes. Devant le roi on voyait quatre hommes à grandes barbes, habillés comme des docteurs, qui tenaient une grande lettre sous les yeux, faisant semblant de lire, et ne disant pas le mot, chacun d'eux portait son nom attaché par écrit sur son bonnet, c'étaient *Salagast*, *Wuisogast*, *Bosogast* et *Vuidagast*. Voici les vers qu'on lisait sur le frontispice de l'échafaud :

> Les Français extraits des Troyens,
> Païens nommés Sicambriens,
> Font Pharamond leur premier roi,
> Qui leur fit la salique loi,
> Et les affranchit des Romains,
> Lois régnant sur tous les humains ;
> On comptait, quand ce cas advint,
> L'an de grâce quatre cent vingt.

De ce point, je veux dire, depuis l'église de Saint-Fiacre jusqu'à la croix de Saint-Victor, et depuis la croix de St-Victor, en retournant, pardevant Saint-Denis, les grandes torches des métiers et confréries diverses qu'on porte à la procession de la Fête-Dieu, étaient allumées à droite et à gauche, le long des maisons. Ces torches sont remarquables par leur élévation, qui était au moins de quarante pieds, et leur poids, qui était au moins de soixante livres de cire. Les maisons, qui bordaient ces rues, étaient ornées les unes de verdure et de branches d'arbres, les autres de tapisseries, ou de peintures, ou de tentures de linge fin.

Sur le devant de la chapelle de Clermarest, et sur un petit reposoir, étaient exposés plusieurs saints reliquaires autour desquels étaient placés des flambeaux ardens, et l'on remarquait, tout auprès de cet autel, un moine de l'abbaye de Signy, qui se faisait un devoir de crier de toutes ses forces, *vive le roi !* et de donner ainsi l'exemple et le signal à ceux qui étaient aux fenêtres, comme à ceux qui remplissaient les rues, de crier également : *vive le roi !*

Tout près de la croix de Saint-Victor, sur un échafaud bien tendu de tapisserie, était le mystère du baptême et du sacre de Clovis, premier roi chrétien des Français, remarquable par le grand nombre de personnes qui y figuraient, et la mission de la Sainte-Ampoule. Sur le frontispice de cet échafaud étaient écrits les quatre vers suivans :

> L'an de grâce cinq cents, le roi Clovis
> Reçut à Reims par Saint-Remi baptême,
> Couronne et sacre de l'Ampoule pour crème,
> Que Dieu des cieux par son ange a transmis.

En apercevant ce mystère retracé à ses yeux, le roi s'arrêta un petit moment pour demander ce que c'était. Lorsqu'il apprit que c'était le mystère qu'il devait recevoir lui-même, il ôta son chapeau par

respect et passa outre, en tirant devant l'abbaye de
Saint-Denis.

En cet endroit, un spectacle divin fut offert à
ses yeux, avant d'arriver à la cathédrale de Reims :
ce fut celui d'un jeune garçon, vêtu d'une robe d'a-
zur, parsemée de fleurs de lis de couleur d'or,
ayant une couronne d'or sur la tête. Autour de lui
étaient rangés deux groupes; celui de ses serviteurs,
disposés à verser de l'eau sur ses mains, et à lui
présenter un linge pour les essuyer, lorsqu'il aurait
touché les scrophuleux, qui, dans un autre groupe,
s'offraient à lui, pour implorer son secours, et un
signe de croix qu'il faisait sur leur tête.

Sur le fronton de l'échafaud qui portait cette
représentation, étaient écrits les vers qui suivent :

> En la vertu de la sainte onction,
> Qu'à Reims reçoit le noble Roi de France;
> Dieu, par ses mains, confère guérison
> D'écrouelles. Voici la demonstrance.

C'est par de tels spectacles, que l'on disposait
l'ame du prince à devenir lui-même le sujet d'un
mystère bien digne du respect et de l'admiration
des peuples.

Enfin il arrive à la porte du temple, où il doit se
célébrer, et c'est par la prière qu'il s'y prépare, en
s'humiliant devant le Roi des Rois. Si avant de s'y
présenter, il a reçu les hommages de ses sujets qui
le haranguaient à genoux, son tour est arrivé de se

prosterner devant le souverain maître des mondes.,
A cette fin, un prie-dieu couvert d'un grand tapis, d'une riche étoffe, garni de deux carreaux de
drap d'or, est disposé pour lui. Il s'y met à genoux,
fait une courte prière ; le livre des Evangiles lui est
donné à baiser par l'archevêque de Reims qui l'attendait . revêtu de ses habits pontificaux, précédé
de sa croix et de sa crosse, accompagné des évêques
de Laon, de Langres, de Châlons, de Noyon, et
d'autres évêques et abbés, et de tout son clergé ;
tous richement vêtus de chappes d'étoffe d'or et de
soie. En ce moment, le roi se lève, reçoit debout
le compliment de l'archevêque, et en même temps,
le grand chantre de l'église entonne le répond suivant, que le chœur continue.

Voici que j'envoie mon ange pour te précéder et te garder en tout temps ; observe et écoute ma voix. Je serai l'ennemi de tes ennemis , et j'affligerai ceux qui t'affligeront, et mon ange marchera de-vant toi.

Ecce mitto angelum meum qui præcedat te, et custodiat semper : observa et audi vocem meam, et inimicus ero inimicis tuis, et affligentes te affligam, et præcedet te Angelus meus.

℣. Israël, si tu écou-tes ma voix, il n'y aura point en toi de nouvelle

℣. *Israel, si me audie-ris, non erit in te Deus re-cens, neque adorabis Deum*

alienum, ego enim domi-
nus.

divinité, et tu n'adoreras
point de Dieu étranger,
car je suis le Seigneur.

Observa et audi, etc.

Observe et écoute etc.

Tandis que ce chant s'exécute, le Roi est introduit par le prélat dans l'église, Sa Majesté ayant à
sa droite M. l'évêque de Laon, et à sa gauche M.
l'évêque comte de Beauvais , tous deux pairs de
France, qui le mènent jusques devant le grand autel,
où il se met à genoux devant un prie-dieu couvert
d'un tapis de velour, et deux carreaux d'une étoffe
précieuse posés dessus. Après ce chant, l'archevêque, ou à son défaut, le pontife officiant récite à
haute voix l'oraison suivante :

OREMUS.

ORAISON.

Deus qui scis genus hu-
manum nullâ virtute posse
subsistere : concede propi-
tius, ut famulus tuus N.
quem populo tuo voluisti
præferri, itâ tuo fulciatur
adjutorio, quantò quibus
potuit præesse, valeat et pro-
desse. Per Domnium nos-
trum Jesum Christum Fi-
lium tuum, qui tecum vi-
vit, etc.

O Dieu qui connaissez
la faiblesse de la nature
humaine , et qui savez
qu'elle ne peut subsister
par sa propre vertu : faites , par votre bonté que
N. votre serviteur, que
vous avez préposé pour
régir votre peuple, soit
tellement fortifié de votre
aide, qu'il puisse être utile à ceux auxquels il a

droit de commander. Par notre Seigneur J.-C.,
votre fils, qui étant Dieu, vit et règne avec vous en
l'unité du Saint-Esprit, etc.

L'on chante ensuite l'Antienne de la Sainte-Vierge,
le Roi toujours à genoux.

ANTIENNE.

Bienheureuse Marie mère de Dieu, toujours Vierge, temple du Seigneur, sanctuaire du St-Esprit, seule pardessus toutes les femmes, devenue agréable à Jésus-Christ : Priez pour le peuple, intercédez pour le clergé, employez-vous pour le dévot sexe féminin.

Beata Dei genitrix, Maria Virgo perpetua, templum Domini, sacrarium Spiritûs-Sancti, sola, sine exemplo, placuisti fœmina Jesu-Christo : ora pro populo, interveni pro Clero, intercede pro devoto fœmineo sexu.

A la fin de ce chant, M. l'archevêque dit les versets et oraisons qui suivent :

℣. Priez pour nous, sainte Vierge.

℞. Afin que nous recevions les promesses de Jésus-Christ.

℣. Seigneur, conservez le Roi.

℞. Et exaucez nous au jour que nous vous invoquerons.

℣. *Ora pro nobis, sancta Dei genitrix.*

℞. *Ut digni efficiamur promissionnibus Christi.*

℣. *Domine, salvum fac regem.*

℞. *Et exaudi nos in die quâ invocaverimus te.*

℣. *Dominus vobiscum.*

℟. *Et cum spiritu tuo.*

OREMUS.

Concede nos famulos tuos, quæsumus Domine Deus, perpetuâ mentis et corporis salute gaudere et gloriosâ beatæ Mariæ semper Virginis intercessione à præsenti liberari tristitiâ, et æternâ perfrui lætitiâ.

Quæsumus omnipotens Deus, ut famulus tuus rex noster N. qui tuâ miseratione suscepit regni gubernacula, virtutum etiam omnium percipiat incrementa; quibus decenter ornatus vitiorum monstra devitare, hostes superare, et ad te, qui via, veritas, et vita es, gratiosus valeat pervenire.

Per Dominum nostrum Je-

℣. Le Seigneur soit avec vous.

℟. Et avec votre esprit.

ORAISON.

Nous vous supplions, Seigneur Dieu, d'accorder à nous qui sommes vos serviteurs, une santé perpétuelle de corps et d'esprit, et par l'intercession glorieuse de la sainte et bienheureuse Marie toujours Vierge, d'être délivré des afflictions présentes, et de jouir du bonheur éternel.

Dieu tout-puissant, nous vous prions que N. votre serviteur et notre Roi, qui a reçu de votre miséricorde la conduite de ce royaume, reçoive aussi de votre grâce l'accroissement de toutes les vertus, afin qu'étant revêtu (comme il doit être) de ces glorieux ornemens, il puisse dompter les mons-

tres des vices, surmonter *sum Christum, Filium*
ses ennemis, et arriver, *tuum qui, etc.*
comblé de grâces et de
mérites, jusqu'à vous, qui êtes la voie, la vérité et
la vie : et qui vivez et régnez avec le St-Esptit dans
tous les siècles des siècles. Ainsi soit-il.

Lorsque le Roi avait fait sa prière, où l'on chantait
les vêpres en sa présence, où il se rendait en son
appartement, après avoir baisé l'autel, entre les
évêques de Laon et de Beauvais, et y avoir déposé
par les mains d'un de ses officiers, ou un riche
reliquaire, ou un meuble d'argenterie, dont il faisait
présent à l'église. Toutes les portes de l'église se
fermaient alors, pour laisser la plus entière liberté
à ceux qui devaient disposer tout pour l'imposante
cérémonie du lendemain, hors celle nécessaire pour
l'entrée des chanoines, dignitaires et habitués.
Une porte intérieure demeurait aussi ouverte pour
la commodité du Roi qui, pendant la nuit, pouvait venir implorer la miséricorde divine, et s'hu-
milier devant Dieu, dans le silence.

Je pourrais vous dire quels étaient les préparatifs
de l'intérieur du temple : la richesse des ornemens
destinés à l'embellissement des sièges, des galeries,
du Jubé, des ducs et pairs, laïques et ecclésiastiques, des comtes, des barons, des évêques, des
cardinaux, des princes et princesses du sang royal,
des ambassadeurs ou ministres étrangers envoyés au

sacre du roi. Rien ne peut surpasser la magnificence déployée en cette circonstance. Tout y annonçait la présence d'un roi puissant, assisté des grands
de son royaume, tout y annonçait la présence d'un
Dieu.

« Ainsi, vous verriez premièrement tout le devant
du grand autel, jusqu'à la marche où se met le
bénitier, couvert de velour cramoisi, enrichi d'or;
devant le grand autel, sur le marche-pied, une
chaire, couverte d'une étoffe d'or, en laquelle offi-
cie ordinairement M. l'archevêque de Reims; vis-à-
vis de cette chaire, environ huit ou dix pieds en
arrière, est placée une autre chaire pour le Roi,
sur un grand tapis de velour à fond d'or, laquelle
est couverte de même étoffe. Entre la chaire du Roi
et celle de M. l'archevêque, vous remarqueriez un
prie-dieu couvert d'un tapis de velour ou bien d'une
étoffe de soie à fond d'or, sur lequel seraient placés
deux carreaux de même étoffe, dont celui d'en bas
doit avoir environ cinq quarts de longueur, pour
servir, tant au Roi, qu'à M. l'archevêque de Reims,
lorsqu'il vient se prosterner avec Sa Majesté, durant
les litanies, ainsi que la cérémonie le requiert.

» Derrière le Roi, environ cinq pieds plus bas,
il y a un siége couvert d'étoffe d'or, sur lequel est
assis, ou se placera M. le connetable, ou celui qui
le représente; environ quatre pas plus en arrière,
voyez-vous cet autre siége, pareillement couvert?

c'est celui destiné à M. le chancelier; environ trois pieds plus en arrière encore, sur un banc de huit pieds de long, également couvert en étoffe d'or, seront assis, au milieu, M. le grand-maître, et à sa droite, M. le grand chambellan.

» A la droite du grand autel, il y a un long banc aussi couvert d'une étoffe d'or, sur lequel doivent s'asseoir les pairs ecclésiastiques.

» Derrière eux, il y a une longue forme, sur laquelle se placeront MM. les cardinaux assistant au sacre, leurs caudataires à leurs pieds; derrière eux, sur une ou deux longues formes, sont assis les archevêques et évêques, qui ne sont point occupés à la cérémonie du sacre; et encore, derrière eux, sont quelques autres longues formes, destinées aux gentils-hommes de la chambre et aux gentils-hommes servans.

» S'il se trouve au sacre, un légat du pape, on lui prépare une chaire, qui est aussi parée d'étoffe d'or, au-dessus de la forme des cardinaux, son caudataire et son porte-croix devant lui.

» Proche d'eux, de ce même côté, il se fait une loge entre deux piliers, parée de broderie de fleurs de lis d'or, sur satin bleu, sur laquelle sont assises plusieurs dames et demoiselles de qualité, et au-dessus de cette loge, il y en a une autre pour la reine, s'il y en a une, et s'il n'y en a pas, pour les princesses et autres dames de la cour.

» Au côté gauche du grand autel, sont assis les pairs laïcs, sur un long banc, et si au sacre il se trouve quelque roi, tenant la place du premier pair laïc, on lui prépare une chaire au-dessus de ce banc, également couvert d'une étoffe précieuse.

» Derrière les pairs laïcs, sur une longue forme ou banc, couvert aussi d'étoffe d'or, sont assis les princes et seigneurs qui ne sont point occupés à la cérémonie du sacre.

» Derrière ce banc et sur d'autres formes couvertes de même, sont placés d'autres seigneurs, chevaliers de l'ordre, capitaines et gentils-hommes de la chambre. Encore derrière eux, entre deux piliers de l'église, comme vis-à-vis du côté droit, est préparée une tribune pour les ambassadeurs présens.

» Au-dessus de cette tribune ou loge, il y en a une autre qui sert pour les dames et demoiselles de la cour. Outre ces loges et galeries de bois ordinaires, on en fait encore deux autres sur les stales, ou chaires des chanoines, lesquelles galeries sont ornées et parées de fleurs de lis d'or, sur satin bleu, ou autres belles tapisseries.

» Le fonds et les côtés du chœur sont ainsi distribués; tout le monde y a sa place assignée d'avance, selon son rang et sa dignité. L'ordre et le faste règnent partout.

» Tournez-vous du côté de la porte du chœur : au pupitre, ou jubé de l'église, au-dessus du Crucifix, est dressé et posé le trône du Roi, ainsi que vous allez le voir.

» Au milieu du pupitre est pratiquée une plate-forme ou estrade, de sept ou huit pieds de long, et cinq pieds de large, en laquelle on monte par quatre marches; c'est sur cette estrade ou plate-forme qu'est posée la chaire du Roi, de telle sorte qu'étant assis, le peuple, qui est dans la nef de l'église, puisse le voir par derrière, depuis la ceinture jusqu'à la tête. Devant le Roi, est un prie-dieu, au-dessous duquel et sur le plan du pupitre est un siége sur lequel est assis M. le connetable, ou tel autre qu'il plaît au Roi de nommer pour le représenter.

» A la droite du Roi, sur la seconde marche de cette plate-forme, est M. le grand chambellan, et à la gauche, sur la première et plus basse marche, M. le premier chambellan; devant le Roi, sur le plan dudit pupitre, à la droite, est assis M. le chancelier, et à la gauche, M. le grand-maître.

» A la droite du roi, contre l'appui du jubé qui regarde la nef, sont assis les pairs ecclésiastiques, et à la gauche les pairs laïcs. Le trône, les siéges, les environs et parterre du jubé, sont couverts et ornés de riches tapis de velour cramoisi, semés de fleurs de lis d'or.

» Au bout du pupitre ou jubé, à la droite du Roi, est dressé et préparé un autel, pour y dire une messe basse, en présence de S. M.

» Pour aller au jubé ou au trône, on fait une longue et large montée, ou escalier de bois, ayant de part et d'autre, un accoudoir ou appui , le tout richement orné et tapissé.

Sans me l'être proposé, je viens de vous tracer le plan des dispositions de tout le chœur. Vous avez été frappé sans doute de l'ordre et de la magnificence que je vous avais annoncés. Recevez cette note, que j'avais disposée en remplacement de l'exposé que je viens de vous faire. Vous la retrouverez en temps et lieu (1).

---

(1) Nous comprenons très-bien que l'ancienne distribution du local dans le chœur , le pourtour du chœur de l'église cathédrale de Reims est devenue insuffisante depuis le nouvel ordre établi en France ; Sa Majesté ayant manifesté le désir de voir les grands corps de l'état prendre part à cet acte religieux et national, il est certain que le plan doit être beaucoup plus vaste. Mais il nous est impossible de le retracer actuellement, puisqu'il n'est pas encore connu. Plus tard nous pourrons le faire passer sous les yeux de nos lecteurs, en leur procurant le tableau de l'intérieur de la Basilique de Reims, avec l'indication des places occupées par les ministres de la religion , les grands officiers et dignitaires du royaume, les divers corps politiques, judiciaires et militaires de l'état.

Nous pensons aussi qu'il serait agréable pour nos lecteurs de trouver , à la fin de cet ouvrage , la liste nominative des princes et princesses du sang royal, des princes français ou étrangers qui n'ont pas l'honneur d'appartenir à la famille royale de France ; des cardinaux , archevêques, évêques, des grands officiers de la couronne , des capitaines , des gardes, des maréchaux de France , des ministres, des conseillers d'état, des maîtres des requêtes et autres officiers de Sa Majesté, des pairs de France et des députés des départemens, de la cour suprême de cassation, etc. Il est impossible de leur procurer actuelle-

Ainsi, je vous ai fait connaître les préparatifs
éloignés et prochains qui ont eu, et auront toujours
lieu, avant le sacre des rois.

Si déjà nous ne nous étions occupé du transport
de la Sainte-Ampoule, ce serait bien ici le lieu d'en
parler. Mais nous avons déjà vu partir et revenir
les quatre gentils-hommes, chargés de la demander
et de l'escorter. Il faut éviter les redites.

Quelque chose doit fixer plus particulièrement notre attention que les préparatifs de tout
genre, occasionnés par le sacre et le couronnement;
c'est l'objet même de cet auguste mystère.

Je ne me lassais pas d'entendre ce vénérable hermite, qui en me parlant, avec autant de bonne foi
que d'enthousiasme, élevait mon âme et me faisait
admirer tout ce qui le pénétrait lui-même d'admiration. Mais autant par discrétion, que pour conserver
mieux les impressions que ses récits m'avaient fait
éprouver, je le conjurai de remettre à une autre

ment cette satisfaction. Mais nous prenons l'engagement de les faire
jouir de ce double avantage que nous considérons comme le complément nécessaire des révélations de l'*Hermite de Corbeny*. Pour cela
nous invitons tous nos correspondans d'ouvrir un registre, où devront
être inscrits les noms et demeures de toutes les personnes qui auront
acheté ce volume, afin que ce supplément puisse leur être adressé
gratuitement un mois au plus tard après cette grande cérémonie, et
qu'ainsi elles fassent relier le tout ensemble pour le placer dans leur
bibliothèque, si elles le jugent digne d'être conservé.

, entrevue tout ce qu'il se proposait encore de me faire connaître.

Je le veux bien, me répondit Dom l'Heureux ; mais vous avez oublié, m'ajouta-t-il, un engagement pris envers un excellent homme, qui depuis la courte visite que nous lui avons faite ensemble, s'est fort occupé de vous, et m'a chargé particulièrement de vous rappeler que nous devons aller dîner chez lui. Puisqu'il est si obligeant, dis-je à Dom l'Heureux, je serai ici après-demain. Vous pouvez avertir M. L..., que je le verrai avec d'autant plus de plaisir qu'il voudra bien nous recevoir sans façon, et comme s'il ne nous attendait pas.

Je le quittai sur ces entrefaites. Arrivé chez mes hôtes, je confiai au papier, tout ce que je viens de vous rappeler Je ne voulais pas l'oublier, sans prévoir cependant, quel usage je pourrais un jour faire de ces notes, qui avaient, pour moi, l'apparence d'un récit phantastique.

TROISIÈME PROMENADE.

Je n'eus garde de manquer au rendez-vous, et Dom l'Heureux m'attendait. Il paraissait éprouver autant le besoin de me parler, que moi, celui de l'entendre. Il s'agissait d'exposer l'objet du sacre des Rois, et Dom l'Heureux était en mesure de le faire avec intérêt.

La paix publique, l'autorité royale, le bien de l'église, la propagation et l'affermissement de la religion, étaient les grands objets qui rendaient nécessaire cette auguste et imposante cérémonie. Trop divisée dans ses élémens et son action, sous le régime militaire et féodal, la puissance publique rencontrait partout des entraves, et le peuple était très-malheureux. La royauté mal comprise et confondue avec la force et la violence, avait besoin, après plusieurs siècles de guerre et de combats, de toutes les précautions possibles pour se soutenir, et souvent la sagesse se trouvait en défaut contre les entreprises de grands vassaux, toujours disposés à la rebellion. Il fallait donc l'environner de majesté, lui donner une origine céleste, proclamer son inviolabilité, fixer les bases et les bornes de la puissance. Les lumières du

siècle, encore bornées, avaient cependant suffi pour
établir la conviction que toute puissance venait d'en
haut, et ce principe, toujours respectable, était le
premier lien entre le prince et les sujets. Il était suivi
d'un second, que, tout royaume divisé est menacé
de périr. Dans le doute, si la monarchie était élec-
tive ou héréditaire, l'on fit concourir au sacre et au
couronnement, les grands, le clergé et le peuple.
En mémoire de ce concours, qui offrait le simulacre
de l'élection, le Roi y appelait ces hommes puissans
par leur fortune et leurs armées, qui partageaient
avec lui le territoire de la France. Ainsi, les ducs de
Bourgogne, de Normandie et d'Aquitaine; les comtes de Toulouse, de Flandre et de Champagne; les
Evêques, duc de Laon, duc de Langres, comte de
Beauvais, comte de Châlons, comte de Noyon, y pre-
naient essentiellement part ou personnellement, ou
par représentation, en soutenant la couronne sur la
tête du Roi, avant de l'y poser, et lorsqu'il l'avait
reçue, de leurs mains, ils le reconnaissaient pour
souverain, et par un acte particulier, lui prêtaient foi
et hommage. Ils y sont encore aujourd'hui représentés quoiqu'ils n'existent plus. Leur autorité, leur
puissance ont disparu, et tel est l'empire de l'habitude, que lors même que les duchés d'Aquitaine,
de Normandie, de Bourgogne, les comtés de Champagne, de Toulouse et de Flandre, eurent été réunis à la couronne, ou par des alliances, ou par droit

de succession, ou par droit de conquête, ils conti-
nuèrent, et continueront peut-être à figurer, au sacre
de nos Rois. Leur souvenir semblait encore intimider
le monarque. Ce n'étaient plus que des fantômes, et
cependant séparés ou réunis, ils inspiraient encore de
l'effroi. Comment est-il arrivé que nos Rois ont cru si
long-temps, que sans eux ils ne pouvaient rien faire,
et qu'ils pouvaient tout faire avec eux? Si nous
osions nous le permettre, nous dirions que jusqu'à
Louis-le-Gros, et si l'on veut jusqu'à Louis XI, qui,
à certains égards, a bien mérité la flétrissure de l'histoire, peu de Rois, avant eux, avaient compris la monarchie. Il s'affranchit de la crainte et de la faiblesse.
Mais il eut recours à l'hypocrisie et à la duplicité.

Quand le trône n'était pas à l'abri d'insulte de la
part des vassaux, ducs, comtes et barons, il ne
faut pas s'étonner que l'autel eût à souffrir de leurs
violences et de leur injustice, bien que souvent armé
de la double puissance, ce qui était encore un fort
grand abus. Vingt guerres éclatèrent entre les évêques, les abbés et les seigneurs entreprenans qui
dévastaient leurs propriétés, et les Rois n'avaient pas
toujours assez de force pour réprimer leurs excès.
Aussi, gémissant aux pieds des autels, les ecclésiastiques demandaient au Tout-Puissant, pour les Rois,
un accroissement de vertus qui les rendît capables
de triompher de leurs ennemis communs. Aussi, le
clergé avait grand soin, avant d'appeler et de fixer,

pour ainsi dire, les faveurs du ciel sur leur personne, de les lier par trois sermens solennels; celui de la paix, celui de la justice, celui de la clémence ou de la miséricorde, mais avant tout, par la promesse de défendre les églises confiées aux évêques.

Le besoin de l'ordre se faisait ainsi partout sentir. L'église et le trône avaient besoin de se prêter un secours mutuel, et le soin de leur conservation réciproque lie les corps de l'état comme les particuliers.

Vous ne vous étonnerez donc pas, si après l'arrivée et la réception de la Sainte-Ampoule, et immédiatement avant de procéder à la célébration de la messe, où doit avoir lieu la consécration royale, le clergé, d'accord avec Louis le jeune, en régla les cérémonies pour son fils, et ce qui est comme une condition essentielle du simulacre d'élection qui se fait alors, les promesses que vous allez lire. Elles sont écrites en un bien mauvais latin; mais les anciens manuscrits qui nous les rappellent, sont peut-être aussi difficiles à comprendre. Nous emprunterons une traduction qui soit un peu plus intelligible.

Ainsi, vêtu de ses ornemens pontificaux, suivi des évêques, qui l'assistent dans ses fonctions, l'archevêque passe avec son clergé devant le roi qui se lève de son siége pour le saluer, et se remettre dans sa chaire. Ensuite, debout, placé devant le roi, le dos tourné à l'autel, le pontife lui adresse ces paroles :

Demande de M. l'archevêque de Reims.

Nous vous demandons que vous accordiez à un chacun de nous , et aux églises qui nous sont commises , la conservation de nos priviléges canoniques , une loi due et raisonnable , et la justice ; et que vous entrepreniez notre défense comme un roi le doit dans son royaume à chaque Evêque , et à l'église qui lui est commise.

A vobis perdonari petimus , ut unicuique de nobis , et Ecclesiis nobis commissis canonicum privilegium , et debitam legem , atque justitiam conservetis , et defensionem exhibeatis sicut rex in suo regno debet unicuique episcopo , et Ecclesiæ sibi commissæ.

Réponse et promesse du Roi.

Je vous promets et vous accorde de conserver à chacun de vous , et aux églises qui vous sont commises , les priviléges canoniques , une loi due et raisonnable, et la justice ; et de vous protéger et vous défendre , autant qu'il me sera possible , avec l'aide du Seigneur , comme un Roi est obligé, de faire en son royaume

Promitto vobis , et perdono , quod unicuique de de vobis , et Ecclesiis vobis commissis , canonicum privilegium , et debitam legem atque justitiam servabo , et defensionem (quantum potero) adjuvante Domino , exhibebo , sicut Rex in suo regno debet unicuique episcopo et Ecclesiæ sibi commissæ , perrectum exhibere debet.

à chaque évêque, et à l'église qui lui est commise.

Après ce premier engagement de la part du monarque, il est soulevé de sa chaire par les évêques de Laon et de Beauvais, lesquels étant aussi debout; l'archevêque le présente au peuple et aux grands, demandant à tous s'ils reconnaissent Sa Majesté pour leur roi, *vultis hunc regem?* L'assemblée répondait, autrefois, par acclamation, et aujourd'hui par un respectueux silence : *Laudamus, volumus, fiat.* Voilà le premier pacte, le pacte le plus essentiel, toutes les volontés réunies; voilà un corps de nation constitué, sans doute; mais la divinité n'est pas intervenue encore dans le contrat, et il manque jusqu'alors quelque chose à sa solennité. Les élémens en sont certains, mais il faut y donner une forme authentique. Dans cette vue, l'archevêque de Reims recevra alors du roi nommé et agréé le serment dit du royaume, qui embrasse tous les devoirs ou les attributs de la royauté, le maintien de la paix, la distribution de la justice, l'exercice de la clémence, et comme fils aîné de l'église, de conserver intacte la foi catholique, et d'empêcher autant qu'il sera en lui, l'hérésie de s'établir en France. En voici la formule :

Promesse et serment du Roi.

Je promets ces choses   *Hæc Populo Christiano,*

au nom de Jésus-Christ, au peuple chrétien qui m'est soumis.

Premièrement, de travailler à ce que le peuple chrétien conserve en tout temps, de nôtre bon gré, une véritable paix à l'église de Dieu.

Item. D'empêcher toutes rapines, et toutes iniquités, de quelque sorte et qualité qu'elles soient.

Item. De faire observer la justice et la miséricorde dans tous les jugemens, afin que Dieu, qui est le père de la clémence en mon endroit et au vôtre, nous fasse participer aux effets de sa bonté et de sa miséricorde.

Item. D'éloigner de tout mon pouvoir, et de bonne foi, de mes terres, et de toutes les juridictions qui me sont sujettes, tous les hérétiques condamnés par l'église. Tou-

et mihi subdito, in Christi promitto nomine.

In primis, ut Ecclesiæ Dei omnis Populus Christianus veram pacem, nostro arbitrio, in omni tempore servet.

Item. *Ut omnes rapacitates, et omnes iniquitates omnibus gradibus interdicam.*

Item. *Ut in omnibus judiciis æquitatem et misericordiam præcipiam : ut mihi et vobis, indulgeat suam misericordiam clemens et misericors Deus.*

Item. *De terrâ meâ, ac Jurisdictione mihi subditâ universos Hæreticos ab Ecclesiâ damnatos pro viribus bonâ fide exterminare studebo. Hæc omnia supradicta firmo juramento. Sic me Deus adjuvet , et hæc sancta Dei Evangelia.* tes lesquelles choses je confirme par serment. Qu'ainsi Dieu me soit en aide, et ses S. Evangiles.

Ce dernier serment, je l'avoue, me fit frémir. Je crus que le Roi très-chrétien promettait de faire précisément ce que l'évangile défend ; qu'au lieu de fixer la paix dans la nation française et dans l'église, par la religion, qui est un lien d'amour parmi les hommes ; il jurait de se servir des uns, pour persécuter les autres. Un grand trouble s'éleva dans mon âme. Dom l'Heureux s'en aperçut ; mais rassurez-vous, me dit-il ; le Roi fera tout, et de *bonne foi*, comme il le dira , pour empêcher autant qu'il sera en lui, l'hérésie de s'établir dans le royaume. Si elle s'y introduit , il s'appliquera à l'en faire disparaître, non pas, par les supplices de ceux qui auront le malheur de l'avoir adoptée , mais par la persuasion , l'instruction, la conviction. Le Roi ne s'engage pas à autre chose. Je sais, ajouta-t-il d'un ton prophétique , qu'on a , en divers temps , abusé de ce terrible mot, *exterminare universos hereticos*, latin barbare, qui exprime dans son sens grammatical, des actions plus barbares encore, mais dont la signification figurée doit être préférée par tout ce qu'il y a de véritablement chrétien et de soumis , de cœur et d'esprit , à la charte constitutionnelle. Autrement entendu, ce serment pourrait avoir été digne de Charles IX ; mais il ne le serait certaine-

ment pas de Charles X ! Il sait que l'intolérance est
la violation d'un droit naturel, un abus de pouvoir,
une tyrannie, et n'est pas disposé à imiter les excès
de quelques-uns de ses ancêtres.

Après tous ces sermens, qui nous paraissaient
plusque suffisans, parce qu'ils embrassaient les grands
objets de l'institution de la royauté, l'on crut devoir faire prêter à Louis XIV, XV et XVI un serment
qui, pour purger nos mœurs d'un reste de barbarie
assez difficile à extirper, celui du duel, jetait les
Rois eux-mêmes dans un excès qui n'avait rien de
conforme à la justice distributive. Par ce serment
extraordinaire, les Rois renonçaient à faire grâce aux
duellistes, sans égard aux circonstances qui avaient
occasionné le duel; et pour un fait, qui pouvait
n'avoir en soi rien que de très-légitime et de très-
innocent, le Roi s'imposait une rigueur inflexible
en s'interdisant le plus bel usage de la puissance souveraine, celui de remettre les peines ou de faire grâce.

Nous ne savons pas s'il ne vaudrait pas mieux
s'abstenir d'un tel serment, que de le maintenir ;
il nous semble à nous très-déplacé et loin d'opérer
un bien pour l'état, il aggraverait ses maux. En
effet, au lieu de la perte possible d'un homme pour
le pays, cette perte serait toujours double, si un tel
serment était encore prêté par le roi, l'un des com-
battans périrait par le glaive de la légitime défense,
et l'autre, par celui de la loi. Les tribunaux

doivent faire leur devoir, sans doute, et le roi, se
réserver l'usage de la clémence qu'il exercera toujours avec discrétion ; voici pourtant ce serment
surpris à la minorité de Louis XIV, qui eût la fai
blesse de le ratifier à sa majorité, qui fut prêté par
Louis XV enfant ; l'on ne dit pas s'il le ratifia à sa majorité. Mais Louis XVI était majeur, lorsqu'il le prêta.

« Nous, en conséquence des édits des Rois nos
» prédécesseurs, registrés en notre Cour du parle-
» ment, contre les duels, en attendant que nous
» puissions les renouveler, quand nous serons par-
» venus à notre majorité, et voulant suivre, sur-
» tout, l'exemple de Louis XIV, de glorieuse mé-
» moire, notre bisaïeul, qui jura solennellement
» au jour de son sacre et couronnement, donné
» dans le lit de justice, qu'il tint le 7ᵉ jour de sep-
» tembre 1651 à sa majorité.

» A cette fin, nous jurons et promettons en foi
» et parole de Roi, de n'exempter à l'avenir aucune
» personne, pour quelque cause et considération
» que ce soit, de la rigueur des édits donnés par
» Louis XIV, notre dit bisaïeul en 1651, 1669 et
» 1679 ; qu'il ne sera par nous accordé aucune
» grâce ou abolition à ceux qui se trouveront pré-
» venus desdits crimes de duels ou rencontres
» préméditées ; que nous n'aurons aucun égard aux
» sollicitations de quelque prince ou seigneur qui
» intercédera pour les coupables desdits crimes :

» protestant que, ni en faveur d'aucun mariage de
» prince ou princesse de notre sang, ni pour les
» naissances de dauphins et princes qui pourront
» arriver durant notre règne, ni pour quelqu'autre
» considération générale et particulière que ce puisse
» être, nous ne permettrons, sciemment, être ex-
» pédiées aucunes lettres contraires aux susdites dé-
» clarations ou édits, afin de garder inviolablement
» une loi si chrétienne, si juste et si nécessaire.
» Ainsi, Dieu me soit en aide et ses saints évangiles. »

Ici finit l'élection et commencent les cérémonies
du sacre; je vous prie d'y donner toute votre attention. Elles sont toutes significatives, remplies d'un
sens profond. Elle vous expliquent la royauté dans
toutes ses attributions, par rapport à Dieu et par
rapport aux hommes.

Vous verrez alors le Roi baiser le saint évangile,
M. l'archevêque s'approcher du grand autel, où sont
préparés les habits et ornemens royaux dont il a été
question ci-devant; les évêques de Laon et de Beauvais, accompagner le roi devant le même autel, où
M. le premier Chambellan lui ôte sa robe longue.
Sa Majesté étant en camisole de satin, M. l'archevêque de Reims, dit sur elle les prières qui suivent.

℣. Que toute notre aide soit au nom du Seigneur.

℞. Qui a fait le ciel et terre.

℣. *Adjutorium nostrum in nomine Domini.*

℞. *Qui fecit cœlum et terram,*

℣. *Sit nomen Domini benedictum.*

℟. *Ex hoc nunc , et usque in sœculum.*

℣. *Dominus vobiscum.*

℟. *Et cum spiritu tuo.*

OREMUS.

Deus inenarrabilis author mundi, conditor generis humani, gubernator Imperii, confirmator Regni , qui ex utero fidelis amici tui Patriarchæ nostri Abrahæ prælegisti Regem sæculi profuturum, tu præsentem Regem hunc N. cum exercitu suo , per intercessionem omnium Sanctorum , uberi benedictione † locupleta , et in solium Regni firma stabilitate connecte ; visita eum sicut Moysen in rubo , Jesum-Navé in prælio, Gedeon in agro , Samuelen in templo , et illa benedictione † syderea ac sapientiæ tuæ rore perfunde , quam beatus David

℣. Que le nom du Seigneur soit béni.

℟. Depuis ce moment , jusques dans l'éternité.

℣. Le Seigneur soit avec vous.

℟. Et avec votre esprit.

ORAISON.

Seigneur , auteur ineffable du monde , Créateur du genre humain , recteur de l'Empire , et confirmateur du Royaume , qui avez élu du sein d'Abraham votre fidèle ami notre Patriarche , un Roi pour le siècle futur : versez sur ce Roi qui se présente à vous avec toute humilité , et sur toute sa Cour, une abondance de graces et de bénédiction † par l'intercession de tous les Saints , et l'affermissez inébranlablement sur le trône de ses pères : comme vous avez fait Moyse dans le buisson, Jésus Navé dans le combat, Gédéon dans le champ, Samuël dans le temple ; et répandez

sur lui cette céleste bé-
nédiction †, et la rosée de
cette éminente sagesse que
David , dans les hymnes
qu'il a composées à votre
gloire, et que Salomon son
fils, ont reçu du Ciel pour
récompense. Servez-lui de
cuirasse et de défense contre les forces de ses ennemis, d'armes dans les adversités, de modération dans
la prospérité , de bouclier
pour le protéger éternellement. Et faites que ses sujets gardent la fidélité qu'ils
lui doivent, et que les grands
de son Royaume conservent
entre eux la paix , aiment
l'union et la charité, s'abs-
tiennent des convoitises, qui
sont les sources ordinaires
des exactions ou des révol-

in psalterio , Salomon fi
lius ejus , te remunerante
percepit è cœlo, Sis ei con-
tra acies inimicorum lorica,
in adversis galea , in pros-
peris sapientia , in protec-
tione clypeus sempiternus:
et præsta ut gentes illius
teneant fidem , proceres sui
habeant pacem , diligant
charitatem , abstineant se
à cupiditate , loquantur
justitiam , custodiant veri-
tatem ; et ità populus iste
pullulet, coalitus benedic-
tione † æternitatis, ut sem-
per maneant tripudientes in
pace victores. Quod ipse
præstare dignetur , qui te-
cum et cum Spiritu sancto
sine fine permanet in secula
sæculorum, Amen.

tes, rendent la justice , et gardent la vérité ; et que ce
peuple multiplié par une bénédiction † éternelle , croisse réellement en nombre , en forces et en vertu, qu'il
demeure toujours victorieux au milieu des plaisirs et des
délices de la paix. Ce que veuille nous accorder celui qui
règne sans fin avec vous , et avec le St-Esprit, dans les
siècles des siècles. Ainsi soit-il.

J'ai envie de remettre à un autre jour la continuation de cette auguste et imposante cérémonie, dont vous connaissez les préliminaires. Tout est disposé pour achever, si je puis parler ainsi, de *faire le Roi*.

Il s'agit en effet de former un être qui, pour répondre par ses qualités à sa dignité, réunisse la force à la sagesse, possède, par l'élévation de son caractère, tout ce que l'humanité a de plus sublime, et par sa justice et sa bonté, ce que la divinité a de plus digne d'hommages, si tout, dans ses attributs, n'en était pas également digne; un être, enfin, qui, tenant seulement par ses besoins physiques à la nature humaine, tienne de la divinité par ses vertus. Voilà une grande tâche qui nous reste à remplir. Disons mieux, voilà le plus admirable chef-d'œuvre de la religion et de la politique; c'est à leurs efforts réunis, qu'il appartient de le produire. Respect, amour, confiance, il faut lui concilier toutes les affections généreuses. Il faut que tout ce que la société a de plus respectable, et la religion, de plus saint, concoure à cette création sublime. La terre ici doit vraiment faire violence au ciel; tout s'humiliera sous la main de Dieu, pour obtenir un Roi qui le représente sur la terre, en la rendant le séjour de la paix, de la justice et de toutes les vertus. Telle est, je crois en vérité, l'objet de la consécration royale, dont j'ai pris l'engagement de vous faire connaître le détail. J'ai commencé à le faire en

5

vous exposant ce qui constitue l'élection du Roi.
La noblesse l'a présenté, le clergé l'a éprouvé, le
peuple l'a reçu, le Roi s'est lié par des sermens.
Toutes les volontés, toutes les actions se sont réunies.
Il s'agit de les sceller du sceau de la religion, en
consacrant le Roi constitué. On y procédera immédiatement après la réception des sermens (1).

(1) Un homme qui se crut au-dessus de l'ordre social, qu'il foula aux
pieds, qui se crut au-dessus de l'humanité, parce qu'il voulut s'y mettre,
s'affranchit des institutions anciennes; loin de faire concourir à son
élection, selon les formes usitées, les premières autorités de l'église
et de l'état, qu'il avait relevées jusqu'à un certain point, pour les fou-
ler ensuite avec dédain, il ne chercha en elles que des témoins
ou des instrumens serviles de sa grandeur et de sa puissance. (Napoléon avait fait des sénateurs, mais non pas des pairs indepen-
dans, il s'en serait bien gardé). Le pontife de Rome vint réciter
devant lui, et sur lui, quelques prières, pratiquer quelques onctions; mais il se présenta dans l'église de Paris, environné de la
force armée, revêtu de tous les ornemens impériaux qui annoncent
la puissance, et ne les reçut que de ses propres mains. Il ne savait pas
qu'il est plus beau et plus sûr d'en être revêtu par autrui, que de s'en
revêtir soi-même. En les recevant, l'on est toujours puissant et révéré;
en les prenant soi-même, l'on excite l'envie, on éveille l'ambition, on
apprend aux autres qu'il suffit d'oser pour asservir, et l'on fait frémir
tous les amours-propres. Notre royauté ancienne reposait donc sur des
bases plus solides que l'empire éphémère de Napoléon; le respect est
pour l'institution légale et régulière, et non point pour l'usurpation.
Réduite à son seul prestige, elle s'aperçoit bientôt de sa faiblesse et
de sa nullité. La crainte et l'humiliation ne sont ni le charme, ni l'enthousiasme d'un concours volontaire ou de la participation spontanée
au plus grand acte que puisse faire un peuple : celui de son organisa-
tion sociale.
Trois Corses ont voulu ne devoir qu'à eux-même la suprême puissance, Théodore, Paoli et Napoléon. Ils ont échoué tous les trois. On

Fatigué, je l'avoue, par ce long entretien, je n'aurais pu consentir à prêter encore attention aux discours de Dom l'Heureux. Mille idées devaient se classer dans ma tête, qui contrariaient mes opinions personnelles; enfin les besoins de mon estomac s'opposaient à toute application ultérieure de ma part. Il l'avait compris.

Je vous ai fourni assez de matière à réflexion, pour qu'en effet nous puissions suspendre nos entretiens, pour les reprendre à la première entrevue. N'est-il pas temps encore d'aller à Urtebise? L'on nous attend pour aujourd'hui, et nous n'avons aucune précaution à prendre. — Comment? — Oui, je vous ai annoncé hier. Mais, allons auparavant faire une courte promenade. — Soit. Quel est donc ce château qui sort du flanc de la montagne vis-à-vis? — C'est celui de Roucy. Il faudrait un volume pour vous en faire connaître l'histoire, non qu'il ait rien de fabuleux, ni par son origine, ni parce qu'il aurait été le théâtre d'évènemens extraordinaires. Cependant, Louis XIII y dîna, en venant achever la neuvaine de Saint-Marcoul. Mais siége d'un comté dont il porte le nom, ce château a appartenu, avec toutes ses dépendances, à quatre grandes familles que je vous ai indiquées (page 17.) Ce fut à un

peut les comparer à ces météores ou feux errans qui brillent un instant dans les airs, pendant une nuit obscure, et ne laissent après eux qu'un faible souvenir.

comte de Roucy et à un évêque comte de Laon, que
les abbayes de Cuissy et de Vauclair dûrent leur fon-
dation au XII⁰ siècle. C'est à un comte de Roucy que
l'abbaye d'Origny dût la jouissance des droits féo-
daux à Craonnelle, Beaurieux, Oulches et autres
lieux.

Honnête M. L**, votre aimable politesse m'était
bien nécessaire. Nous nous rendîmes chez vous.
Vous nous accueillîtes avec tant de bonté, qu'il
nous fallut bien faire trève avec toutes les pensées,
toutes les impressions que j'avais reçues, et comme
si c'était un des priviléges des champs ou de la
culture; ce que j'entendis, à ce sujet, de votre
bouche, me rendit la liberté d'esprit dont j'avais besoin. Je compris bien, en vous écoutant, l'exclama-
tion de Virgile :

O fortuaatos nimium, etc.

Aimant votre état, en remplissant les devoirs avec
intelligence, avec goût et succès, et suivant les in-
dications de la nature dans votre belle exploitation,
dans le choix des engrais et des semences, dans les
royes que vous savez donner à propos à la terre,
vous vous êtes montré digne à mes yeux, du bonheur, de l'aisance dont vous jouissez; et je veux le
publier à votre louange; vous avez si bien connu
le trésor caché dans le sein de la terre, objet de
vos travaux constans et de vos soins assidus, que les
ravages de deux funestes invasions, n'ont pu abattre

votre courage, ni épuiser vos ressources. Heureuse la famille dont le chef vous ressemble ! Heureux le propriétaire dont les champs sont cultivés par un fermier aussi habile et aussi sage que vous ! Heureux les ouvriers qui rencontrent un tel maître ! Il les traite comme des associés.

En nous quittant ce jour-là, Dom l'Heureux et moi, nous convînmes de ne nous revoir qu'à quatre jours de distance, pour continuer nos promenades et nos entretiens. Mais le quatrième jour, dès la première heure, je pris l'engagement d'être rendu près de lui.

QUATRIÈME PROMENADE.

Je me rendais aux Creutes, lorsque j'aperçus devant moi Dom l'Heureux, qui s'impatientait de ne pas me voir arriver, et qui, pour savoir peut-être ou j'avais pris gîte, au pied de ce qu'il appelait sa montagne, en parcourait les bords. Nous allâmes nous placer dans un site piquant, mais un peu éloigné du point de notre réunion, sous l'arbre de Paissy, à peu de distance d'une tour qui, comme lui, peut servir à diriger le voyageur et à fixer les distances. Sous nos yeux, de cette position magnifique, nous découvrions Oulches, Vassognes, Jumigny, Beaurieux, Cuissy, et en prolongeant nos regards dans la vallée sur la droite, nous voyions fuir, en serpentant, sur divers points, la rivière d'Aisne. En les repliant sur nous-mêmes, plusieurs édifices particuliers, agréablement situés, s'offraient à notre vue : Ainsi Bellevue, Verneuil, embellissaient les montagnes qui s'enchaînent et se croisent les unes les autres, dans ce pays remarquable. Assis sous l'arbre de Paissy, et après avoir contemplé cette riche perspective, Dom l'Heureux me dit: nous avons exposé les cérémonies de l'élection, c'est à

présent le cas de vous retracer celle du *couronnement*
ou de *l'investiture*. Plus tard, nous nous occuperons
du *sacre* et de *l'intronisation*. C'est tout l'ensemble
des détails qui nous restent à parcourir; ne vous
épouvantez pas. Il est impossible que nous épuisions
aujourd'hui ce fécond sujet de nos conversations.
Nous suivrons l'ordre que je viens de tracer (1).

Voici comment s'opère l'investiture: M. le grand-
chambellan chausse au roi ses bottines ou sandales,
M. le duc de Bourgogne, ou son représentant, lui
met ses éperons, et aussitôt après les lui ôte. Ensuite l'archevêque de Reims, bénit l'épée qui est
encore dans son fourreau, en cette manière :

OREMUS.

Exaudi, quæsumus, Do-
mine, preces nostras, et
hunc gladium quo famulus

ORAISON.

Nous vous supplions, Sei-
gneur, d'exaucer favora-
blement nos prières, et de

---

(1) Vous comprendrez bien comment, par l'action simultanée
du clergé, des grands et du peuple, se formait la pleine puissance
et l'autorité royale. C'est une volonté qui se compose de l'accord
de toutes les volontés, c'est une puissance qui se compose de
l'accord de toutes les puissances. Il n'y a rien d'inutile dans un édifice
bien ordonné. Toutes les parties se soutiennent les unes les autres, et
se prêtent un appui mutuel. Isolées, elles n'ont par elles-mêmes, ni
grandeur, ni force, ni puissance; mais réunies, elles résistent aux
élémens en courroux, et les siècles accumulés s'étonnent de leur
force, de leur grandeur et de leur beauté. Ainsi la royauté, lorsqu'elle
est bien comprise et bien ordonnée; sa durée est dans ses élémens
sagement combinés; elle est l'édifice social bien entendu. La religion
en cimente toutes les parties.

vouloir étendre la droite de votre Majesté sur celle épée, dont H. votre serviteur désire être armé : afin qu'étant bénie † de votre main, elle puisse être la défense et la protection des églises, des veuves, des orphelins, et de tous les serviteurs de Dieu, contre la furie et la cruauté des Payens; aussi-bien que la terreur et la crainte des ennemis et des traîtres. Par notre Seigneur Jésus-Christ. Ainsi soit-il.

tuus N. se accingi desiderat, Majestatis tuæ dexterâ benedicere † dignare, quantò defensio atque protectio possit esse Ecclesiarum, viduarum, orphanorum, omniumque Deo servientium, contra sævitiam Paganorum, aliisque insidiantibus, sit potior terror et formido. Per Christum Dominum nostrum.

Amen.

Après cette Oraison, M. l'archevêque de Reims ceint l'épée au Roi, et incontinent après la lui ôte. Ensuite M. l'archevêque prend l'épée nue en sa main, laissant le fourreau sur l'autel, et la remet entre les mains du Roi, qui la reçoit, et la tient droite, la pointe élevée, pendant qu'il récite l'oraison et l'antienne suivante.

ORAISON.

Recevez cette épée, qui vous est donnée par une bénédiction † particulière de Dieu ; avec laquelle vous puissiez, par la vertu du St-

OREMUS.

Accipe hunc gladium tuum, Dei benedictione † tibi collatum, in quo per virtutem Spiritûs sancti resistere et ejicere omnes ini-

micos tuos valeas, et cunctos sanctæ Ecclesiæ adversarios, Regnumque tibi commissum tutari, atque protegere castra Dei per auxilium invictissimi triumphatoris Domini nostri Jesu Christi : accipe, inquam, hunc gladium per manus nostras vice et autoritate sanctorum Apostolorum consecratas, tibi regaliter impositum, nostrœque benedictionis † officio, in defensionem sanctæ Dei Ecclesiæ ordinatum divinitûs; et esto memor de quo Psalmista prophetavit, dicens : accingere gladio tuo super femur tuum, potentissime : ut in hoc per eumdem vim æquitatis exerceas, molem iniquitatis potenter destruas, et sanctam Dei Ecclesiam ejusque Fideles propugnes ac protegas : nec minùs sub fide fulsos, quam Christiani nominis hostes execreris ac destruas, viduas et pupillos clementer

Esprit, résister et repousser tous vos ennemis, et tous les adversaires de l'Eglise; défendre le royaume qui vous est commis, et protéger les camps du Seigneur par le secours de cet invincible Triomphateur notre Seigneur J. C. Recevez, dis-je, cette épée de nos mains, comme tenant lieu, et consacrées par l'autorité des saints Apôtres, laquelle vous est présentée en qualité de Roi, et ordonnée de Dieu, par le ministère de notre bénédiction †, pour la défense de son Eglise : et ressouvenez-vous de qui le Psalmiste a prophétisé, lorsqu'il a dit : O fort invincible ! armez-vous de votre épée, et la mettez sur votre cuisse, afin que, par son moyen, et l'assistance du même J. C., vous exerciez la justice dans sa force et sa vigueur, vous renversiez la masse de l'iniquité, vous combattiez puissamment pour les intérêts de l'Eglise et la défense des Fidèles, vous extermîniez tous les ennemis du nom Chrétien, ouverts et cachés, vous protégiez les veuves et les orphelins, vous releviez ce qui est abattu, vous conserviez ce qui est réparé, vous vengiez l'injustice, vous confirmiez la vertu; en sorte qu'en pratiquant ces choses, étant plein de gloire par le triomphe de tant de vertus, et illustre par tant d'actions d'équité et de justice, vous

adjuves ac defendas, desolata restaures, restaurata conserves, ulciscaris injusta, confirmes bene disposita: quatenùs hæc in agendo virtutum triumpho gloriosus, justitiæque custor egregius, cum mundi Salvatore, cujus typum geris in nomine, sine fine mercaris regnare, qui cum Deo Patre, et Spiritu sancto, vivit et regnat Deus, per omnia sæcula sæculorum. Amen.

méritiez de régner sans fin avec le Sauveur du monde, dont vous portez le caractère et la figure sur le visage, aussi bien que dans le nom, et qui vit et règne, avec Dieu le Père, et le Saint Esprit, par tous les siècles des siècles. *Amen.*

Le chœur chante l'antienne suivante, que je vous prie de bien peser, ainsi que les oraisons qui viennent après.

ANTIENNE.

Sois *fortifié*, et deviens *homme*, et observe les volontés du Seigneur ton Dieu, afin que tu marches dans ses voies, et que tu garde ses cérémonies,

Confortare, et esto vir, et observa custodias Domini Dei tui, ut ambules in viis ejus, et custodias ceremonias ejus, et præcepta ejus, et testimonia

et judicia , et quocumque te verteris, confirmet te Deus.

ses commandemens, ses lois et ses jugemens, et qu'il confirme tous tes

desseins, de quel côté que tu te tournes.

OREMUS.

ORAISON.

Deus , qui providentiâ tuâ cœlestia simul et terrena moderaris, propitiare Christianissimo Regi nostro : ut omnis hostium suorum fortitudo, virtute gladii spiritualis frangatur , ac te pro illo pugnante , penitùs conteratur. Per Dominum nostrum Jesum Christum Filium tuum , qui tecum vivit et regnat in unitane Spiritûs sancti Deus. Per omnia sæcula sæculorum. Amen.

O Dieu, qui réglez par votre Providence tout ce qui se passe au ciel et en la terre , soyez favorable à notre Roi très-chrétien; afin que toute la force de ses ennemis soit brisée par la vertu de ce glaive spirituel et céleste, et soit entièrement détruite par la puissance de votre bras, combattant pour sa défense. Par notre Seigneur Jésus-Christ votre fils , qui étant Dieu, vit et règne avec vous en l'unité

du Saint-Esprit, par tous les siècles des siècles.
Ainsi soit-il.

Le Roi ayant reçu l'épée, l'offre, et la met sur l'autel ; et incontinent après M. l'archevêque de Reims la prend, et la remet en la main de S. M., qui

la reçoit à genoux, et la donne sur le champ à M.
le connétable, ou à celui qui le représente, lequel
la porte toujours nue devant S. M. durant tous les
actes qui se font après, et même pendant le dîné.
M. l'archevêque de Reims dit les oraisons suivantes
sur le Roi, durant lesquelles S. M. reste à genoux.

Première bénédiction.

ORAISON.

Dieu tout-puissant, re-
gardez d'un œil favorable
ce Roi glorieux; et comme
autrefois, vous avez béni
Abraham, Isaac et Jacob,
faites aussi couler, s'il
vous plaît, dans son ame
des effusions abondantes
de votre grace, avec tou-
te la plénitude de votre
puissance : répandez dans
son sein les largesses de
votre divine bonté, et lui
donnez durant une lon-
gue suite d'années, abon-
dance de blé, de vin et
d'huile, et toute opulen-
ce de fruits que l'on peut

OREMUS.

Prospice omnipotens
Deus, serenis obtutibus,
hunc gloriosum Regem N.
et sicut benedixisti Abra-
ham, Isaac, et Jacob, sic
illum largis benedictioni-
bus spiritualis gratiæ cum
omni plenitudine tuæ po-
tentiæ irrigare, atque per-
fundere dignare : tribue ei
de rore cœli, et de pingue-
dine terræ, abundantiam
frumenti, vini et olei, et
omnium frugum opulen-
tiam, et largitate divini
muneris longa per tempora:
ut illo regnante sit sani-
tas corporis in Patria, et

pax inviolata sit in Regno,
et dignitas gloriosa regalis
maximo splendore , regiœ
potestatis oculis omnium
fulgeat , luce clarissimâ
coruscans , atque splende-
re quasi splendidissima ful-
gura maximo perfusa lu-
mine videatur. Tribue ei ,
omnipotens Deus, ut sit for-
tissimus protector Patriœ,
et consolator Ecclesiarum,
atque cœnobiorum sancto-
rum maximâ cum pietate
regalis munificentiœ : at-
que ut sit fortissimus Re-
gum, triumphator hostium
ad opprimendos rebelles et
Paganorum nationes. Sit-
que suis inimicis satis ter-
ribilis prœ maxima forti-
tudine regalis potentiœ,
optimatibus quoque, atque
prœcelsis proceribus ac fi-
delibus sui Regni sit mu-
nificus , et amabilis , et
pius : ut ab omnibus ti-
meatur, atque diligatur,

attendre de la rosée du
ciel, et de la graisse de
la terre ; afin que sous
son règne la Patrie jouisse d'une santé parfaite de
corps , le royaume d'une
paix inviolable, et que la
dignité Royale brille aux
yeux de tous , par la
splendeur d'une souve-
raine puissance, avec au-
tant d'éclat et de lumière
que la foudre. Accordez-
lui, par votre bonté , ô
Dieu tout-puis., qu'il soit
le protecteur invincible
de la Patrie, le consola-
teur des Eglises, et de ses
saints et augustes mo-
numens de la piété et de
la magnificence royale ,
qu'il soit le plus fort de
tous les Rois, toujours
victorieux de ses ennemis
pour l'oppression des re-
belles , et des nations infidèles et idolâtres; que
sa force et sa puissance

le rende terrible à ses ennemis, et sa piété et sa lar-
gesse aimable aux grands
du royaume, et à tous ses
sujets, afin qu'il soit également craint et aimé de
tous; qu'il soit le père de
plusieurs Rois pour les
siècles futurs, et que sa
lignée occupe le trône
par une longue succes-
sion de temps; et enfin
qu'il mérite de conduire
heureusement ce royau-
me, et après des années
glorieuses, de jouir des
joies éternelles. Ce qu'il vous plaise accorder, Seigneur, qui étant Dieu, vivez et régnez avec notre Seigneur Jésus-Christ votre fils, et le Saint-Esprit, par
tous les siècles des siècles. Ainsi soit-il.

*Reges quoque de lumbis
ejus per successiones tem-
porum futurorum egre-
diantur : Regnum hoc re-
gere totum; et post gloriosa tempora, atque felicia
præsentis vitæ, gaudia
sempiterna in perpetua bea-
titudine habere mereatur.
Quod ipse præstare digne-
ris, qui cum unigenito
Filio tuo Domino nostro
Jesu Christo, et Spiritu
sancto, vivis et regnas
Deus, etc.*

Seconde bénédiction.

ORAISON.

Bénissez †, s'il vous
plaît, Seigneur, le Roi
notre Prince, que nous
croyons avoir été donné
de vous pour le salut du

OREMUS.

*Benedic†, Domine, quæ-
sumus, hunc Principem
nostrum, quem ad salutem
populi nobis à te credimus
esse concessum, fac eum*

esse annis multiplicem, in-
genti atque salubri corpo-
ris robore vigentem, et ad
senectutem optatam, atque
demùm ad finem pervenire
felicem Sit nobis fiducia
eum obtinere gratiam pro
populo, quam Aaron in
tabernaculo, Eliseus in flu-
vio, Ezechias in lectulo,
Zacharias vetulus impetra-
vit in templo. Sit illi re-
gendi virtus atque authori-
tas qualem Josué suscepit
in castris, Gedeon sumpsit
in præliis, Petrus accepit
in clave, Paulus est usus in
dogmate. Et ità Pastorum
cura tuam proficiat in ovi-
le, sicut Isaac profecit in
fruge, et Jacob dilatatus
est in grege. Quod ipse
præstare digneris, qui cum
unigenito Filio tuo Domi-
no nostro Jesu Christo et
Spiritu sancto, vivis et re-
gnas Deus; per omnia sæ-
cula sæculorum. Amen.

peuple : Accordez-lui,
par votre bonté, une lon-
gue suite d'années, une
force et une vigueur sa-
lutaire de corps, une
vieillesse désirée, et une
fin bienheureuse ; que
nous puissions espérer
qu'il obtiendra pour son
peuple la grâce qu'Aaron
a demandée efficacement
dans le tabernacle, Elisée
dans le fleuve, Ezéchias
dans son lit, et le vieillard Zacharie dans le temple ; qu'il reçoive, pour
commander, la même
puissance et la même au-
torité que Josué a reçu
dans le camp, Gédéon dans
les combats, Pierre dans
la conduite de l'église, et
Paul dans la prédication
de l'Evangile ; et qu'il
réussisse aussi heureuse-
ment, pour le bien de
ceux qui sont sous sa
charge, qu'Isaac dans ses

moissons, et Jacob dans ses troupeaux. Ce qu'il
vous plaise accorder, Seigneur, qui, étant Dieu,
vivez et régnez, avec votre Fils unique, notre Seigneur Jésus-Christ, et le Saint-Esprit, par tous les
siècles des siècles. Ainsi soit-il.

Troisième bénédiction.

ORAISON.

Dieu, source éternelle
de gloire, soit votre protecteur et votre aide, et
qu'il vous bénisse † dans
sa toute-puissance, qu'il
exauce vos prières en toutes choses, et qu'il com-
ble votre vie d'une longue
suite de jours : qu'il affermisse continuellement
le trône de votre royau-
me, et qu'il conserve
éternellement le peuple
qui vous est sujet : qu'il
couvre de honte et de
confusion vos ennemis,
et qu'il fasse fleurir en
vous l'onction sacrée de
J. C. †, afin que celui qui
vous a donné l'empire sur

OREMUS.

*Deus Pater æternæ glo-
riæ, sit adjutor tuus et
protector, et omnipotens
benedicat † tibi, preces tuas
in cunctis exaudiat, et vi-
tam tuam longitudine die-
rum adimpleat : Thronum
Regni tui jugiter firmet,
et gentem populumque tuum
in æternum conservet, et
inimicos tuos confusione
induat, et super te sanctificatio † Christi floreat :
ut qui tibi tribuit in terris
imperium, ipse in cælis con-
ferat præmium : Qui vivit
et regnat trinus et unus
Deus ; per omnia sæcula
sæculorum. Amen.*

la terre, vous donne une couronne de gloire pour récompense dans le ciel : Lui qui, étant un Dieu en trois personnes, vit et règne par tous les siècles des siècles. Ainsi soit-il.

Ces trois oraisons finies, M. l'archevêque de Reims se tourne devant le grand Autel, pour préparer la sainte et sacrée onction, en la manière suivante :

M. l'archevêque de Reims prend la patene du calice de Saint Remi, sur laquelle il met du saint Chrême, autant qu'il en faut pour sacrer un évêque ; et dans la sainte Ampoule, avec une aiguille d'or qui y pend, M. l'archevêque prend de l'huile sacrée à-peu-près la grosseur d'un pois, qu'il mêle avec le saint Chrême.

Pendant ces cérémonies, le grand chantre de Notre-Dame commence le répons suivant, que le chœur répète.

Répons.

Le bienheureux Saint-Remi ayant reçu du ciel un divin Chrême, en a fait un canal sacré qui a sanctifié la nation si renommée des Français, avec leur Roi, le plus noble et le plus grand de tous, et les a enrichis pleinement de ce don précieux du Saint-Esprit.

Gentem Francorum inclitam, simul cum Rege nobili, beatus Remigius sumpto cœlitùs Chrismate, sacro sanctificavit gurgite, atque Spiritûs sancti plenè ditavit munere.

℣. Qui par un effet sin-gulier de sa grace appa-rut visiblement sous la forme d'une Colombe, et remit au S. Pontife, d'une façon toute céleste, cette divine liqueur.

℣. *Qui dono singularis gratiæ in Columbâ appa-ruit, et divinum Chris-ma cælitùs Pontifici minis-travit.*

℣. Bienheureux Saint-Remi, priez pour nous.

℣. *Ora pro nobis, bea-te Remigi.*

℟. Afin que nous soyons rendus dignes des promesses de J. C.

℟. *Ut digni efficiamur promissionibus Christi.*

M. l'archevêque de Reims récite l'Oraison sui-vante :

Oraison.

O Dieu, qui avez don-né à votre peuple le bien-heureux S.-Remi, pour être le ministre et instru-ment de son salut éternel: faites, par votre bonté, que nous méritions d'a-voir pour intercesseur dans le ciel, celui que nous avons eu pour maî-tre de notre vie sur la ter-re ; Par notre Seigneur J. C. Ainsi soit-il.

Oremus.

Deus, qui populo tuo æternæ salutis beatum Remigium ministrum tri-buisti; præsta quæsumus, ut quem doctorem vitæ habuimus in terris, inter-cessorem semper habere mereamur in cælis. Per Christum Dominum nos-trum. Amen.

LES LITANIES.

Après cette oraison, le Roi se prosterne devant l'appui de son oratoire ou prie-Dieu, et M. l'archevêque de Reims aussi, pour y faire tous deux une méditation; durant laquelle deux archevêques ou évêques commencent les litanies suivantes, auxquelles le chœur répond.

Les Evêques.

Kyrie eleison.

Le chœur.

Kyrie eleison.
Christe eleison.
Christe eleison.
Kyrie eleison.·
Kyrie eleison.
Christe audi nos.
Christe audi nos.
Sancta Maria,

Le chœur.

Ora pro nobis.
Sancte Michaël,
Sancte Gabriel,
Sancte Raphael,
Sancte Chorus Angelorum.
Sacte Joannes Baptista.
Sancte Petre,

Les Evêques.

Seigneur, ayez pitié de nous.

Le Chœur.

Seigneur, ayez pitié de n.
Christ, ayez pitié de nous.
Christ, ayez pitié de nous.
Seigneur, ayez pitié de n.
Seigneur, ayez pitié de n.
Christ, écoutez-nous.
Christ, écoutez-nous.
Sainte Marie,

Le Chœur.

Priez pour nous.
Saint Michel,
Saint Gabriël,
Saint Raphaël,
Saint chœur des Anges,
Saint Jean-Baptiste,
Saint Pierre,

Saint Paul,	Priez.	Sancte Paule,	Ora.
Saint André,		Sancte Andrea,	
Saint Jacques,		Sancte Jacobe,	
Saint Barthelemi,		Sancte Bartholomæe,	
Saint Matthieu,		Sancte Matthæe,	
Saint Simon,		Sancte Simon,	
Saint Thadée,		Sancte Thadæe,	
Saint Matthias,		Sancte Matthia,	
Saint Barnabé,		Sancte Barnaba,	
Saint chœur des Apôtres,		Sancte Chorus Apostolorum,	
Saint Etienne,		Sancte Stephane,	
Saint Clément,		Sancte Clemens,	
Saint Calixte,		Sancte Calixte,	
Saint Marcel,		Sancte Marcelle,	
Saint Nicaise et ses compagnons,		Sancte Nicasi cum sociis tuis,	
Saint Laurent,		Sancte Laurenti,	
Saint Denis et ses compagnons,		Sancte Dionisi cum sociis tuis,	
Saint Maurice et ses compagnons,		Sancte Maurici cum sociis tuis,	
Saint Gervais,		Sancte Gervasi,	
Saint Protais,		Sancte Protasi,	
Saint Timothée,		Sancte Timothee,	
Saint Apollinaire,		Sancte Apollinaris,	
Saint chœur des Martyrs,		Sancte Chorus Martyrum,	
Saint Sylvestre,		Sancte Sylvester,	

Sancte Remigi,	Saint Remi,
Sancte Remigi,	Saint Remi,
Sancte Augustine,	Saint Augustin,
Sancte Hieronime,	Saint Jérôme,
Sancte Ambrosi,	Saint Ambroise,
Sancte Gregori,	Saint Grégoire,
Sancte Sixte,	Saint Sixte,
Sancte Sinici,	Saint Sinice,
Sancte Rigoberte,	Saint Rigobert,
Sancte Martine,	Saint Martin,
Sancte Maurili,	Saint Maurille,
Sancte Nicolae,	Saint Nicolas,
Sancte Chorus confesso-rum,	Saint chœur des Confes-seurs,
Sancta Maria Magdalena,	Sainte Marie Magdelaine,
Sancta Maria Egyptiaca,	Sainte Marie Egygtienne,
Sancta Felicitas,	Sainte Félicité,
Sancta Perpetua,	Sainte Perpetue,
Santa Agatha,	Sainte Agathe,
Sancta Agnes,	Sainte Agnès,
Sancta Cæcilia,	Sainte Cécile,
Sancta Eutropia,	Sainte Eutropie,
Sancta Genovefa,	Sainte Géneviève,
Sancta Colomba,	Sainte Colombe,
Sancta Scholastica,	Sainte Scholastique,
Sancta Petronilla,	Sainte Pétronille,
Sancta Catharina,	Sainte Catherine,
Sancte Chorus Virginum,	Saint chœur des Vierges,

O vous Saints de Dieu , priez pour nous.
Omnes sancti, orate pro nobis.

O Dieu, soyez-nous favorable, Pardonnez-nous, Seigneur.
Propitius esto , Parce nobis Domine.

Soyez-nous favorable, Délivrez-nous', Seigneur.
Propitius esto, Libera nos Domine.

Des embûches du démon,
Ab insidiis diaboli ,

De la damnation éternelle ,
A damnatione perpetuâ ,

Par le mystère 'de votre sainte Incarnation.
Per mysterium sanctæ Incarnationis tuæ ,

Par votre sainte Croix et votre Passion ,
Per Passionem et Crucem tuam ,

Par la grace du Saint-Esprit consolateur,
Per gratiam sancti Spiritûs Paracleti ,

Au jour du jugement ,
In die Judicii,

Nous vous prions , Seigneur, tout pécheurs
Peccatores, te rogamus audi nos ,

que nous sommes, Exaucez-nous , s'il vous plaît.

Nous vous prions de nous donner la paix ,
Ut pacem nobis dones ,

Nous vous prions de nous conserver par votre infinie miséricorde ,
Ut misericordia et pietas tua nos custodiat ,

Nous vous prions de répandre dans nos cœurs les graces du Saint Es-
Ut gratiam Spiritûs sancti cordibus noetris clementer infundere digneris ,

Ut ecclesiam tuam sanctam regere et defensare digneris ,	Nous vous prions de vouloir bien prendre la défense de la sainte Eglise,
Ut archiepiscopum nostrum N. cum omni grege sibi commisso in tuo sancto servitio confortare et conservare digneris , 2 f.	Nous vous prions de fortifier et maintenir en votre service notre archevêque, et le peuple qui lui est commis, 2 *f.*
Ut obsequium servitutis nostræ rationabile facias ,	Nous vous prions de rendre l'hommage de notre servitude juste et raisonnable ,

Le Roi se lève en cet endroit, et M. l'archevêque de Reims aussi, qui se tourne vers Sa Majesté ; et tenant sa crosse à la main, chante à haute voix les trois versets suivants :

Ut hunc præsentem famulum tuum N. in Regem *coronandum benedicere†digneris ,*	Nous vous prions de bénir † N. votre serviteur, qui est ici présent , pour être couronné *Roi.*
Ut hunc præsentem famulum tuum N. in Regem *coronandum benedicere† et sublimare digneris ,*	Nous vous prions, Seigneur, de vouloir bénir † et élever N. votre serviteur , qui est ici présent, pour être couronné *Roi* ,

Nous vous prions, Seigneur, de vouloir bénir †, consacrer et élever N. votre serviteur, qui est ici présent, pour être couronné Roi.

Ut hunc præsentem famulum tuum N. in regem coronandum benedicere† sublimare, et consecrare digneris.

Après ces trois versets, M. l'archevêque de Reims se remet sur le prie-Dieu, à côté du Roi, et les évêques poursuivent le reste des Litanies.

Nous vous prions d'établir une paix et une concorde véritable entre les Rois et les Princes chrétiens, Exaucez-nous, s'il vous plaît.

Ut Regibus et Principibus Christianis pacem et concordiam donare digneris,

Nous vous prions, Seigneur, de conserver tout le peuple chrétien que vous avez racheté de votre sang précieux,

Ut cunctum populum Christianum, pretioso sanguine redemptum, conservare digneris,

Nous vous supplions, Seigneur, d'accorder le repos à tous les fidèles trépassés,

Ut cunctis fidelibus defunctis requiem æternam donare digneris,

Nous vous prions, Seigneur, d'écouter nos prières,

Ut nos exaudire digneris,

Fili Dei, te rogamus audi nos,

Ecoutez nos vœux, ô Fils de Dieu, Exaucez-nous, s'il vous plaît.

Agnus Dei, qui tollis peccata mundi, Parce nobis, Domine.

Agneau de Dieu, qui effacez les péchés du monde, Pardonnez-nous, Seigneur,

Agnus Dei, qui tollis peccata mundi, Exaudi nos, Domine.

Agneau de Dieu, qui effacez les péchés du monde, Exaucez-nous, Seigneur.

Agnus Dei, qui tollis peccata mundi, miserere nobis.

Agneau de Dieu, qui effacez les péchés du monde, Ayez pitié de nous.

Christe, audi nos.

Christ, écoutez-nous.

Kyrie eleison.

Seigneur, ayez pitié de n.

Christe eleison.

Christ, ayez pitié de nous.

Kyrie eleison.

Seigneur, ayez pitié de n.

Les Litanies étant chantées, le Roi et les évêques se mettent à genoux; et M. l'archevêque de Reims, étant debout, dit à haute voix les prières suivantes :

ORAISON DOMINICALE.

Pater noster, qui es in cœlis, sanctificetur nomen tuum; adveniat regnum tuum; fiat voluntas tua,

Notre père, qui êtes dans les cieux, que votre nom soit sanctifié; votre règne nous arrive; votre volonte soit faite en la terre comme au ciel ; donnez-nous aujourd'hui notre pain de chaque jour; et nous pardonnez nos offenses comme nons les pardonnons à ceux qui nous ont offensés ; et ne nous laissez point succomber à la tentation;

℞. Mais délivrez-nous du mal.

℣. Sauvez , Seigneur, votre serviteur.

℞. Qui espère en vous.

℣. Soyez-lui, Seigneur, une forteresse imprenable.

℞. Contre les attaques de l'ennemi.

℣. Que l'ennemi ne fasse aucun progrès contre lui.

℞. Et que l'enfant d'iniquité ne puisse lui nuire.

℣. Seigneur , écoutez ma prière.

sicut in cœlo et in terra ; panem nostrum quotidianum da nobis hodie ; et dimitte nobis debita nostra sicut et nos dimittimus debitoribus nostris , et ne nos inducas in tentationem.

℞. *Sed libera nos à malo.*

℣. *Salvum fac servum tuum.*

℞. *Deus meus sperantem in te.*

℣. *Esto ei , Domine , turris fortitudinis.*

℞. *A facie inimci.*

℣. *Nihil proficiat inimicus in eo.*

℞. *Et filius iniquitatis non apponat nocere ei.*

℣. *Domine , exaudi orationem meam.*

R⁄. *Et clamor meus ad te veniat.*

℣. *Dominus vobiscum.*

R⁄. *Et cum spiritu tuo.*

Oremus.

Prætende , quœsumus Domine , huic famulo tuo N. dexteram cælestis auxilii ; ut te toto corde perquirat , et quae dignè postulat assequi mereatur. Per Dominum nostrum Jesum Christum Filium tuum , qui tecum vivit et regnat in unitate Spiritûs sancti Deus , per omnia sœcula sœculorum. Amen.

R⁄. Et que mes cris s'élèvent jusqu'à vous.

℣. Le Seigneur soit avec vous.

R⁄. Et avec votre esprit.

Oraison.

Etendez, s'il vous plaît, Seigneur, la main favorable de votre divine Majesté dessus N. votre serviteur , afin qu'il vous recherche de tout son cœur, et qu'il mérite d'obtenir ce qu'il demande avec humilité ; par notre Seigneur Jésus-Christ votre Fils , qui, étant Dieu , vit et règne avec vous en l'unité du St-Esprit, par tous les siècles des siècles. Ainsi soit-il.

Oremus.

Actiones nostras, quœsumus Domine , aspirando prœveni, et adjuvando prosequêre : ut cuncta nostra operatio et oratio à te semper incipiat , et per te cœpta

Oraison.

Nous vous supplions , Seigneur , de prévenir toutes nos actions de votre faveur, et de les conduire ensuite par une assistance continuelle de

votre grace, afin que toutes nos prières, et toutes
nos œuvres partent de
vous comme de leur prin-
cipe, et se rapportent à
vous comme à leur fin.
Par notre Seigneur J. C.
votre Fils, qui, étant

finiatur. Per Dominum
nostrum Jesum Christum
Filium tuum, qui tecum
vivit et regnat in unitate
Spiritûs sancti Deus, per
omnia sæcula sæculorum.
Amen.

Dieu, vit et règne avec vous en l'unité du Saint-
Esprit, par tous les siècles des siècles. Ainsi soit-il.

Après ces prières, le roi va se mettre à genoux
devant le grand autel; et M. l'archevêque de Reims
qui est assis en sa chaire, le dos tourné contre l'autel, dit les oraisons suivantes sur le Roi, avant de
le sacrer.

ORAISON.

Père Saint, Dieu tout-
puissant et éternel, nous
implorons votre secours,
afin que N. votre servi-
teur que vous avez, par
une dispensation de vo-
tre divine providence,
élevé depuis sa naissance
jusqu'à ce jour dans une
florissante jeunesse, étant
orné des dons de votre
piété et plein des lumiè-

OREMUS.

Te invocamus, sancte
Pater omnipoteus æterne
Deus, ut hunc famulum
tuum N. quem tuæ divinæ
dispensationis providentiâ
in primordio plasmatum,
usque in hunc præsentem
diem juvenili flore lætan-
tem crescere concessisti,
eum tuæ pietatis dono di-
tatum, plenumque gratiâ
veritatis de die in diem

coram Deo et hominibus ad meliora semper proficere facias ; ut summi regiminis solium gratiæ supernæ largitate gaudens suscipiat, et misericordiæ tuæ muro ab hostium adversitate undique munitus plebem, sibi commissam propitiationis et virtute victoriæ feliciter regere mereatur. Per Dominum nostrum Jesum Christum Filium tuum, qui tecum vivit et regnat in unitate Spiritûs sancti Deus, per omnia sæcula sæculorum. Amen.

res de votre esprit, croisse tellement en vertu tous les jours devant Dieu et devant les hommes, qu'il entre joyeux des largesses de votre grace dans le trône du souverain gouvernement, et qu'étant muni de toute part du mur inexpugnable de votre miséricorde contre les attaques de ses ennemis, il régisse heureusement le peuple qui lui est commis, parmi les douceurs de la paix et les trophées de la victoire. Par notre Seigneur J. C. votre Fils, qui, étant Dieu, vit et règne avec vous en l'unité du St-Esprit, par tous les siècles des siècles. Ainsi soit-il.

OREMUS.

Deus, qui populis tuis virtute consulis, et amore dominaris, da huic famulo tuo N. spiritum sapientiæ tuæ, cum regimine disci-

ORAISON.

O Dieu, qui conduisez vos peuples avec autorité, et qui leur commandez avec amour, donnez à N. votre serviteur l'esprit de sagesse, avec la science du gouvernement, afin que vous aimant de tout son cœur, il soit toujours capable de bien gouverner ce royaume, et que l'Eglise, pendant son règne, jouisse, par votre faveur, d'une tranquillité parfaite et assurée, et demeure toujours dans une piété véritablement chrétienne; et enfin qu'il mérite, en persévérant dans la pratique des bonnes œuvres, d'arriver sous notre conduite au royaume éternel. Par notre Seigneur Jésus-Christ. Ainsi soit-il.

plinœ : ut tibi toto córde devotus in regni regimine semper maneat idoneus, tuoque munere ipsius temporibus. Ecclesiœ securitas dirigatur in tranquillitate, devotio ecclesiastica permaneat ; ut in bonis operibus perseverans, ad aeternum regnum, te duce valeat pervenire. Per Christum Dominum nostrum.

Amen.

ORAISON.

Qu'on voie naître et arriver en ses jours toute justice et équité, secours à ses amis, obstacle à ses ennemis, soulagement aux humbles, correction aux superbes, science aux riches, piété à l'égard des pauvres, faveur et bon

OREMUS.

In diebus ejus oriatur omnis aequitas et justitia, amicis adjutorium, inimicis obstaculum, humilibus solatium, elatis correctio, divitibus doctrina, pauperibus pietas, perigrinis pacificatio, propriis in patria pax et securitas,

unumquemque secundùm
suam mensuram moderatè
gubernans, seipsum sedu-
lus regere discat ; ut tuâ
irrigatus cumpunctione toti
populo tibi placita praebere
vitae possit exempla, et per
viam veritatis cum grege
gradiens sibi subdito, opes
frugales abundanter acqui-
rat, simulque ad salutem
corporum non solum, sed
etiam cordium, à te con-
cessam cuncta accipiat :
sicque in te cogitatum ani-
mi confiliumque omne com-
ponens, plebis gubernacula
cum pace simul et sapientiâ
semper invenire videatur :
teque auxiliante praesentis
vitae prosperitatem et pro-
lixitatem percipiat, ut per
tempora bona usque ad
summam senectutem perve-
niat, hujusque fragilitatis
finem perfectam ab omni-
bus vitiorum vinculis tuae
largitate pietatis liberatus,

accueil aux pélerins, paix
et assurance à ses pro-
pres sujets dans son royaume. Que gouvernant un
chacun avec modération
et mesure , il aprenne à
se conduire soi - même
avec exactitude ; afin
qu'étant arrosé des eaux
salutaires de votre grace,
il inspire la piété aux peuples qui sont sous sa charge par ses exemples ; et
marchant avec le trou-
peau qui lui est commis
dans les voies de la vérité,
il amasse avec abondan-
ce des trésors et des ri-
chesses légitimes, et qu'il
reçoive toutes ces sortes
de biens que vous nous
avez accordés par votre
bonté , non seulement
pour procurer le salut des
corps, mais encore celui
des consciences et des
cœurs; et qu'ainsi vous
rapportant toutes ses pen-

sées et tous ses conseils, il ait toujours la paix et la sagesse pour guides, et pour compagnes du gouvernement de son peuple ; qu'il reçoive par votre aide une vie longue et heureuse ; que par des jours fortunés il arrive à une glorieuse vieillesse ;

et infinitæ prosperitatis præmia perpetua, angelorumque æterna commercia consequatur. Per Dominum nostrum Jesum Christum Filium tuum, qui tecum vivit et regnat in unitate Spiritûs sancti Deus, per omnia sæcula sæculorum. Amen.

et enfin qu'étant dégagé par votre miséricorde des liens de tous les vices, il achève le cours de cette vie mortelle par une fin parfaite, et entre avec les anges en commerce d'une gloire immortelle, et d'une prospérité infinie. Par notre Seigneur Jésus-Christ votre fils, qui étant Dieu, vit et règne avec vous en l'unité du Saint-Esprit, par tous les siècles des siècles. Ainsi soit-il.

SACRE DU ROI.

M. l'archevêque de Reims élève la voix, et dit l'oraison suivante :

ORAISON.

Dieu tout puissant et éternel, recteur du ciel et de la terre, créateur

OREMUS,

Omnipotens sempiterne Deus, gubernator cæli et terræ, conditor et dispen-

tor angelorum et hominum , *Rex Regum, et Dominus Dominorum* , *qui Abraham fidelem tuum de hostibus triumphare fecisti, Moysi et Josue populo tuo prælatis multiplicem victoriam tribuisti , humilem quoque puerum David regni fastigio sublimasti , eumque de ore leonis et de manu bestiæ atque Goliæ, sed et de gladio maligno Saül, et omnium inimicorum ejus liberasti; et Salomonem sapientiæ, pacisque ineffabili munere ditasti : respice propitius ad preces humilitatis nostræ , et super hunc famulum tuum N. quem duplici devotione in hujus regni Regem pariter eligimus, benedictionum † tuarum dona multiplica , eumque dexterá tuæ potentiæ semper ubique circumda : quatenùs prædicti Abrahæ fidelitate firmatus,*

et souverain arbitre des anges et des hommes, Roi des Rois , Monarque des Monarques, qui avez rendu Abraham votre fidèle serviteur glorieux et triomphant de ses ennemis, qui avez chargé de trophées Moïse et Josué chefs de votre peuple, qui avez élevé à la dignité royale David malgré sa bassesse , et qui l'avez délivré de la geule du lion , des griffes de la bête, et des mains de Goliath , du glaive et de la malice de Saul, et des attaques de tous ses ennemis ; qui avez enrichi Salomon d'un don ineffable de paix et de sagesse : écoutez favorablement les prières de votre peuple, prosterné avec toute humilité à vos pieds, multipliez le nombre de vos bénédictions † sur N. votre ser-

viteur , que nous *élisons pareillement pour Roi* de cet état par une affection violente et véritable, mais humble et respectueuse, et le protégez toujours de toute part du bras invincible de votre puissance, afin qu'étant affermi par la fidélité d'Abraham, revêtu de la douceur de Moïse, muni de la force de Josué, élevé par l'humilité de David, orné de la sagesse de Salomon, il vous soit agréable en toutes choses, il avance toujours d'un pas assuré dans les voies de la justice; et qu'enfin il nourrisse, enseigne, protège, et instruise l'église qui est répandue dans tous les lieux de ce royaume, avec les fidèles et les peuples qui lui sont unis, qu'il use puissamment et royalement de cette autorité qui

Moysi mansuetudine fretus, Josue fortitudine munitus, David humilitate exaltatus, Salomonis sapientiâ decoratus, tibi in omnibus complaceat, et per tramitem justitiæ inoffenso gressu semper incedat, et totius regni Ecclesium deinceps cum plebibus sibi annexis ità enutriat, doceat, muniat et instruat, contraque omnes visibiles et invisibiles hostes idem potenter regaliterque tuæ virtutis regimen administret ; ut regale solium videlicet Saxonum, Merciorum, Nordan-Cimbriorum sceptra non deserat, sed ad pristinæ Fidei pacisque concordiam eorum animos te opitulante reformet : ut utrumque horum populorum debita subjectione fultus, condigno amore glorificatus, per longum vitae spatium paternae apicem gloriæ tuæ

miseratione unitum stabi-
lire et gubernare mereatur,
tuæ quoque protectionis ga-
leâ munitus, et scuto insu-
perabili jugiter protectus,
armisque cœlestibus cir-
cumdatus, optabilis victo-
riæ triumphum de hostibus
feliciter capiat, terrorem-
que suæ potentiæ infideli-
bus inferat, et pacem tibi
militantibus lætanter re-
portet virtutibus : nec-non
quibus præfatos fideles tuos
decorasti, multiplici hono-
ris benedictione ꝉ condeco-
ra, et in regimine regni
sublimiter colloca, et oleo
gratiæ Spiritûs sancti pe-
runge per Dominum nos-
trum, qui virtute Crucis
tartara destruxit, regno-
que diaboli superato, cæ-
los victor ascendit : in quo
potestas omnis regumque
consistit victoria, qui est
gloria humilium, et vita,
salusque populorum. Qui

est un écoulement de vo-
tre vertu contre tous ses
ennemis visibles et invi-
sibles ; qu'il n'abandonne
point le trône des Saxons,
des peuples du Nord, ni
le sceptre des Cimbres ;
mais qu'il réunisse tous
leurs esprits dans la profession de foi ancienne,
et dans le lien d'une vé-
ritable paix, afin qu'é-
tant fortifié par la sujé-
tion et l'obéissance de
l'un et de l'autre peuple,
il gouverne et affermisse
tout ensemble, par votre
miséricorde, le plus haut
dégré de la gloire de ses
pères, et qu'à l'ombre du
bouclier inexpugnable de
votre protection, et à la
faveur des armes célestes,
il remporte une heureuse
victoire de ses ennemis,
qu'il imprime la terreur
de sa puissance dans l'ame
des infidèles, et qu'il re-

tourne glorieusement *tecum vivit et regnat in* vers vous avec une paix *unitate Spiritûs sancti* acquise par la sueur et *Deus, per omnia sæcula* le combat de toutes les *sæculorum. Amen.* vertus ; et comme vous l'avez orné de ces belles qualités, comblez-le pareillement d'honneur et de bénédictions †, élevez-le dans le gouvernement de ce royaume, et répandez intérieurement dans son ame l'action de la grâce du Saint-Esprit, par notre Seigneur Jésus-Christ, qui a détruit l'empire des enfers par la vertu de sa croix, et qui ayant renversé le royaume de Satan, est monté triomphant dans le ciel, dans lequel consiste la puissance et la force victorieuse des Rois, qui est la gloire des humbles, la vie et le salut des peuples, et qui vit et règne avec vous et le Saint-Esprit dans l'unité d'une même essence, par tous les siècles des siècles. Ainsi soit-il.

Après cette oraison, M. l'archevêque de Reims, tenant la patène sur laquelle est la sacrée onction, commence à oindre et sacrer le roi, ainsi qu'il s'en suit :

Premièrement, au sommet de la tête.

Secondement, en la poitrine. (Les évêques assistans ouvrent la camisole et la chemise à chaque onction.)

Troisièmement, entre les deux épaules.

Quatrièmement, à l'épaule droite.

Cinquièmement, à l'épaule gauche.

Sixièmement, au pli ou coude du bras droit.

Septièmement, au pli ou coude du bras gauche.

M. l'archevêque de Reims dit à chaque onction la prière suivante :

Ungo te in regem de oleo sanctificato, in nomine Patris †, et Filii †, et Spiritûs † sancti.

Amen.

Je vous sacre d'une huile sanctifiée, au nom du Père †, du Fils †, et du saint † Esprit.

Ainsi soit-il.

Pendant ces onctions le chœur chante l'antienne qui suit :

ANTIENNE.

Unxerunt Salomonem Sadoc sacerdos, et Nathan propheta regem in Gyon, et accedentes læti dixerunt ; Vivat Rex in æternum.

Sadoch le grand-prêtre et le prophète Nathan ont oint Salomon roi en Gyon, et s'approchant de lui pleins de joie, ils se sont écriés ; *Vive le Roi éternellement.*

M. l'archevêque de Reims dit les oraisons suivantes :

OREMUS.

ORAISON.

Christe perunge, hunc Regem in regimen, undè unxisti sacerdotes, reges, et prophetas, et martyres,

Christ, sacrez ce Roi pour le gouvernement, comme vous avez consacré les prêtres, les Rois,

les prophètes et les mar-
tyrs, qui ont assujéti par
leur foi les royaumes,
opéré la justice et mérité
de recevoir les promesses
divines. Que votre onc-
tion sacrée découle des-
sus sa tête, et descende
jusques dans l'intérieur
de son ame, et pénétre
le fond de son cœur; et
rendez-le par votre grace
digne des promesses que
les plus illustres Rois ont
mérité par leurs héroï-
ques actions : ensorte
qu'ayant régné heureuse-
ment en ce siècle présent,
il partage avec eux le
royaume du ciel dans le
siècle futur; par notre
Seigneur Jésus - Christ
votre fils, que vous avez
sacré d'une huile de joie,
en une manière plus ex-
cellente que tous ceux
que vous avez destinés
pour participer à sa gloi-

*qui per fidem vicerunt re-
gna, operati sunt justi-
tiam, atque adepti sunt re-
promissiones; tua sacratis-
sima unctio super caput ejûs
defluat, atque ad interiora
descendat, et cordis illius
intima penetret, et promissionibus quas adepti sunt
victorissimi Reges, gratiâ
tuâ dignus efficiatur : qua-
tenus et in præsenti sæculo feliciter, regnet, et ad
eorum consortium in cælesti regno perficiat. Per Dominum nostrum Jesum
Christum Filium tuum,
qui unctus est oleo lætitiæ
præ consortibus suis, et
virtute Crucis potestates
aëreas debellavit, tartara
destruxit, regnumque dia-
boli superavit, et ad cælos
victor ascendit : in cujus
manu victoria omnis, glo-
ria et potestas consistunt, et
tecum vivit et regnat in
unitate Spiritûs sancti*

Deus, per omnia sæcula sæculorum. Amen.

re, et qui par la vertu de sa croix a surmonté tou-tes les puissances de l'air et de l'enfer, détruit le royaume du démon, et s'est élevé victorieux dans les cieux, en la main duquel réside et consiste toute victoire, gloire et puissance du monde, et qui étant Dieu, vit et règne avec vous dans l'unité du Saint-Esprit, par tous les siècles des siècles. Ainsi soit-il.

OREMUS.

Deus, electosum forti-tudo, et humilium celsitu-do, qui in primordio per effusionem diluvii mundi crimina castigare voluisti, et per columbam ramum olivæ portantem pacem ter-ris redditam demonstrasti: iterumque sacerdotem Aa-ron famulum tuum per unctionem olei sacerdotem sanxisti : et prætereà per hujus unguenti infusionem ad regendum populum Is-raëliticum, sacerdotes, re-ges, ac prophetas perfecisti, eutlumque Ecclesiæ in oleo

ORAISON.

O Dieu, la force des élus, et la grandeur des humbles, qui avez voulu au commencement châ-tier les crimes du monde par un déluge, et faire paraître par une colombe portant un rameau d'oli-vier, que la paix était rendue à la terre ; qui avez fait Aaron votre ser-viteur prêtre, en le sa-crant d'huile ; qui avez établi des prêtres, des Rois et des prophètes, pour la conduite du peu-ple d'Israël, par l'effusion

de cette liqueur; et qui
avez prédit par la bouche
de votre serviteur David,
que la joie se répandrait
avec l'huile sur la face de
l'église : nous vous sup-
plions, ô Père tout-puis-
sant, de vouloir bénir †
et sanctifier ce Roi votre
serviteur, par cette pré-
sente onction, et de faire
par votre bonté qu'il ap-
porte comme une co-
lombe une paix véritable
à son peuple; qu'il imite
les exemples d'Aaron dans
le service de Dieu; qu'il
règle son royaume avec
des conseils de sagesse et
des jugemens équitables;
et qu'il montre toujours
à son peuple un visage
riant et favorable par la
vertu de cette onction,
de votre bénédiction † et
de votre aide. Par notre
Seigneur Jésus-Christ vo-
tre fils, qui étant Dieu vit

exhilarandum per prophe-
ticam famuli tui vocem
David esse prædixisti : ita,
quæsumus omnipotens Deus
Pater, ut per hujus crea-
turæ pinguedinem hunc
servum tuum sanctificare
tuâ benedictione † digne-
ris, in similitudine colum-
bæ pacem simplicitatis po-
pulo sibi commisso præsta-
re, et exempla Aaron in
Dei servitio diligenter imi-
tari, regnique fastigia in
conciliis scientiæ et æqui-
tate judicii semper assequi,
vultumque hilaritatis per
hanc olei unctionem, tuam-
que benedictionem †, te ad-
juvante, toti plebi para-
tum habere facias. Per
Dominum nostrum Jesum
Christum Filium tuum,
qui tecum vivit et regnat
in unitate Spiritûs sancti
Deus, per omnia sæcula
sæculorum. Amen.

et règne avec vous en l'unité du Saint-Esprit par tous les siècles des siècles. Ainsi soit-il.

Oremus.

Deus, Dei Filius, Dominus noster Jesus-Christus, qui à Patre oleo exultationis unctus est præ participibus suis, ipso per præsentem sacri unguenti infusionem, Spiritûs paracleti super caput tuum infundat benedictionem, eamdemque usque ad interiora cordis tui penetrare faciat : quatenùs hoc visibili et tractabili dono invisibilia percipere, et temporali regno justis moderaminibus executo æternaliter cum eo regnare digneris qui solus sine peccato Rex Regum vivit et gloriatur, cum Deo Patre, in unitate ejusdem Spiritûs sancti Deus, per omnia sœcula sæculorum. Amen.

Oraison.

O Dieu, fils de Dieu, notre Seigneur Jésus-Christ, qui avez été sacré de votre père d'une huile de joie plus excellemment que tous ceux qui participeront à votre gloire, répandez par l'effusion de cet onguent ou beaume précieux les graces et les bénédictions de l'esprit consolateur jusques dans l'intérieur de son cœur; afin que par ce don visible et palpable, il mérite de recevoir les biens invisibles et spirituels ; et qu'ayant gouverné ce royaume temporel avec une juste modération de son autorité et de sa puissance, il règne éternellement avec vous, qui étant seul sans péché, Roi des

Rois, vivez dans la gloire du père, et dans l'unité du même Saint-Esprit, par tous les siècles des siècles. Ainsi soit-il.

Lorsque toutes ces oraisons sont dites, M. l'archevêque de Reims, avec les prélats assistans, ferment les ouvertures de la chemise et de la camisole. Ensuite M. le grand chambellan présente au Roi les trois vêtemens qui se doivent mettre pardessus sa camisole ; savoir : la tunique, qui représente celui d'un sous-diacre ; la dalmatique, qui représente celui de diacre ; et le manteau royal, qui représente la chasuble du Prêtre.

Le roi étant ainsi vêtu, M. l'archevêque reprend la patène sur laquelle est la sacrée onction, et en met en la paume de la main droite de Sa Majesté pour huitième onction, et en celle de la main gauche pour neuvième onction, en prononçant ces paroles :

Que ces mains soient sacrées de cette huile sainte, dont les Rois et les prophètes ont été consacrés, de même que David fût sacré Roi par Samuël; afin que vous soyez béni et établi Roi dans ce royaume, que Dieu vous a donné à régir et à gouverner.

Ungantur manus istæ de oleo sanctificato, undè uncti fuerunt Reges et Prophetæ, et sicut unxit Samuel David in Regem : ut sis benedictus et constitutus Rex in Regno isto, quod Dominus Deus tuus dedit tibi ad regendum et gubernandum.

Après ces onctions, M. l'archevêque de Reims dit l'oraison suivante :

OREMUS.

ORAISON.

Deus , qui es justorum gloria , et misericordia peccatorum, qui misisti Filium tuum pretioso sanguine suo gentus humanum redimere , qui conteris bella, et pugnator es in te sperantium, et sub cujus arbitrio omnium regnorum continetur potestas : te humiliter deprecamur , ut præsentem famulum tuum N. in tuâ misericordiâ confidentem , in præsenti sede regali benedicas † , eidemque propitiùs adesse digneris : ut qui tuâ expetit protectione defendi, omnibus hostibus sit fortior. Fac eum, Domine , beatum esse , et victorem de inimicis suis. Corona eum coronâ justitiæ et pietatis , ut ex toto corde et ex totâ mente in

O Dieu , qui êtes la gloire des justes, et le salut des pécheurs , qui avez envoyé votre fils racheter le genre humain par l'effusion de son sang précieux , qui mettez en poudre les armées , qui combattez pour ceux qui espèrent en vous , qui êtes l'arbitre souverain de la puissance et de la force de tous les royaumes ; nous vous supplions avec toute humilité de bénir † dans ce siége royal N. votre serviteur, qui met toute sa confiance en votre miséricorde, et de lui être toujours favorable : et comme il ne veut point d'autre défense ni d'autre protection que la votre ; faites , s'il vous plaît, qu'il soit plus fort que tous ses ennemis, rendez-le toujours victorieux ; mettez sur sa tête une couronne de justice et de piété, afin que croyant en vous de tout son cœur et de tout son esprit, il travaille pour votre gloire, il défende et élève votre église sainte, il gouverne avec équité le peuple que vous lui avez donné en charge, et le conduise au bien, en détournant toutes occasions d'iniquité, et toutes les fraudes et les embûches de l'injustice, enflammez son cœur à l'amour de votre grace, par l'onction de cette huile, dont vous avez sacré les Prêtres, les Rois et les Prophètes, afin qu'aimant la justice, et ne s'éloignant jamais de ses voies, il arrive à la jouissance des félicités éternelles, après avoir achevé glorieusement le

te credens, tibi deserviat, sanctam tuam Ecclesiam defendat et sublimet, populumque à te sibi commissum justè regat, et nullis insidiantibus malis eum in justitiâ convertat. Accende, Domine, cor ejus ad amorem gratiæ tuæ per hoc unctionis oleum, undè unxisti Sacerdotes, Reges, et Prophetas ; quatenùs justitiam diligens, per tramitem similiter incendens justitiæ, post per acta à te disposita, in regali excellentiâ annorum curricula, pervenire ad gaudia æterna mereatur. Per Dominum nostrum Jesum Christum Filium tuum, qui tecum vivit et regnat in unitate Spiritûs sancti Deus, per omnia sæcula sæculorum. Amen.

cours de sa vie dans le plus haut point d'excellence de la dignité royale. Par notre Seigneur J. C. votre Fils , qui , étant Dieu, vit et règne avec vous, en l'unité du St-Esprit, par tous les siècles des siècles. Ainsi soit-il.

Le Roi ayant ainsi les mains ointes et sacrées, Sa Majesté les joint contre sa poitrine : puis M. l'archevêque de Reims fait la bénédiction des gants , disant l'oraison suivante :

OREMUS.

Omnipotens créator , qui homini ad imaginem tuam creato manus digitis discretionis insignitas, tanquam organum intelligentiæ ad rectè operandum dedisti, quas servari mundas præcepisti, ut in eis anima digna portaretur , et tua in eis dignè contrectarentur mysteria , benedicere ✝ et sanctificare digneris hæc manuum tegumenta ; ut quicumque Reges iis cum humilitate manus suas velare voluerint, tam cordis, quàm operis , munditiam

OREMUS.

Tout - puissant créateur qui ayant créé l'homme à votre image, lui avez donné des mains armées de doigts, comme des organes d'intelligence , pour opérer le bien avec discrétion ; et lui avez commandé de les conserver pures et innocentes, pourêtre des vaisseaux convenables de l'ame, et pour traiter dignement vos mystères; bénissez ✝ et sanctifiez ces gants , afin que tous les Rois qui en couvriront leursmains avec humilité, fassent par votre miséricorde paraître une grande pureté de cœur et d'actions. Par notre Seigneur Jésus-Christ. Ainsi soit-il.

M. l'archevêque de Reims ayant béni les gants, et les mettant aux mains du Roi, dit l'oraison suivante :

Revêtez, Seigneur, les mains de N. votre serviteur, de la pureté et de l'innocence du nouvel homme, qui est descendu du ciel ; afin que comme Jacob ayant couvert ses mains de peaux de chevreaux, a reçu la bénédiction de son père, après lui avoir présenté une viande et un breuvage agréable, il reçoive pareillement la bénédiction † de votre grace, par ce même Jésus-Christ notre Seigneur, et votre Fils, qui s est offert à vous en sacrifice dans la ressemblance de la chair du péché. Ainsi soit-il.

tuâ misericordiâ ministret. Per Christum Dominum nostrum. Amen.

Circumda, Domine, manus hujus famali tui N. munditiâ novi hominis, qui de cœlo descendit : ut quemadmodùm Jacob dilectus tuus, pelliculis hœdorum opertis manibus, paternam benedictionem, oblato patri cibo, potuque gratissimo, impetravit, sic et iste gratiæ tuæ benedictionem † impetrare mereatur. Per eumdem Dominum nostrum Jesum Christum Filium tuum, qui in similitudinem carnis peccati tibi obtulit semetipsum.

Si le Roi ne veut pas mettre les gants, les sieurs évêques assistans lui lavent les mains, et les lui frottent avec du coton et de la mie de pain; puis les sieurs évêques lavent aussi leurs mains. M. l'archevêque de Reims lave pareillement ses mains, et fait ensuite la bénédiction de l'anneau par l'oraison suivante :

OREMUS.

ORAISON.

Deus, totius creaturæ principium et finis, creator et conservator generis humani, dator gratiæ spiritualis, largitor æternæ salutis, in quo clausa sunt omnia : tu, Domine, tuam emitte benedictionem ✝ super hunc annulum, ipsumque benedicere ✝ et sanctificare ✝ digneris : ut qui per eum famulo tuo honoris insignia concedis, virtutum præmia largiaris: quò discretionis habitum semper retineat, et veræ fidei fulgore præfulgeat, sanctæ quoque Trinitatis armatus munimine, miles inexpu-

O Dieu, le commencement et la fin de toutes créatures, créateur et conservateur du genre humain, dispensateur des graces, distributeur du salut éternel, dans lequel toutes choses sont renfermées avec éminence : versez votre bénédiction ✝ sur cet anneau, bénissez-le ✝, et le sanctifiez ✝, afin d'orner intérieurement de vertus votre serviteur ici présent, que vous honorez extérieurement par cette marque de gloire; qu'il conserve toujours la discrétion, et reluise de la splendeur d'une foi véritable; qu'étant armé et soutenu de la protection de la très-sainte et très-auguste Trinité, il surmonte, comme un soldat invincible, toutes les forces du démon, et fasse toujours de nouveaux progrès pour le salut de son ame et de son corps. Par notre Seigneur Jésus-Christ. Ainsi soit-il.

gnabilis acies diaboli constanter evincat, et sibi ad veram salutem mentis et corporis proficiat. Per Christum Dominum nostrum. Amen.

Après cette bénédiction, M. l'archevêque de Reims met l'anneau (avec lequel le Roi épouse le royaume) au quatrième doigt de la main droite de Sa Majesté, en disant ces paroles :

Recevez cet anneau, comme le sceau et le témoignage d'une foi sainte, la fermeté du royaume, la perfection et le comble de la puissance; par lequel vous sachiez repousser vos ennemis par une force victorieuse, détruire les hérésies, réunir vos sujets, et les joindre à la base et au fondement inébranlable de la foi catholique.

Accipe annulum, signaculum videlicet fidei sanctæ, soliditatem regni, augmentum potentiæ : per quem scias triumphali potentiâ hostes repellere, hæreses destruere, subditos coadunare, et catholicæ Fidei perseverabilitati connecti.

OREMUS.

Deus, cujus est omnis potestas et dignitas, da famulo tuo prosperum suæ dignitatis effectum, in quâ te remunerante permaneat, semperque te timeat, tibique jugiter placere contendat. Per Christum Dominum nostrum. Amen.

ORAISON.

O Dieu, à qui appartient toute puissance et toute dignité, donnez à votre serviteur un effet favorable de sa dignité, dans laquelle il vous trouve toujours pour récompense, il vous craigne et s'efforce continuellement de vous plaire. Par notre Seigneur Jésus-Christ. Ainsi soit-il.

Cette oraison étant finie, M. l'archevêque de Reims prend le sceptre royal sur l'autel, en prononçant les paroles suivantes :

Accipe sceptrum, regiæ potestatis insigne, virgam scilicet regni, rectam virgam virtutis, quâ teipsum benè regas, sanctam Ecclesiam, populumque videlicet Christianum tibi à Deo commissum, regiâ virtute, ab improbis defendas, pravos corrigas, rectos pacifices : et ut viam rectam tenere possint, tuo juvamine dirigas ; quatenùs de temporali regno ad æternum regnum pervenias,

Recevez ce sceptre, marque de la royale puissance, la verge du royaume, verge de justice et de force, par laquelle vous vous conduisiez religieusement, vous défendiez la sainte Eglise et le peuple chrétien qui vous est sujet, de la malice de ses ennemis ; vous corrigiez les méchans, vous pacifiez les bons, et les conduisiez, par votre exemple et votre aide, dans les voies du salui : ensorte que du royaume temporel vous passiez en celui qui est éternel , par la miséricorde de celui dont le royaume et l'empire dure et subsiste sans fin , dans les siècles des siècles. Ainsi soit-il.

ORAISON.

Seigneur tout-puissant, source et principe de tous biens , auteur de tous les bons progrès , accordez, s'il vous plaît , à votre serviteur N. la grace de se bien acquitter de la dignité qu'il possède, et affermissez l'honneur et la gloire qu'il a reçus de vos mains ; honorez - le pardessus tous les Rois de la terre, remplissez le d'une abondante bénédiction † , et le rendez inébranlable dans le siège souverain de ce royaume ; visitez-le dans sa race, donnez-lui une longue vie , faites naître la justice en ses jours , et qu'avec joie et exaltation il devienne glorieux dans le royaume éter-

ipso adjuvante , cujus regnum et imperium sine fine permanet in sæcula sæculorum. Amen.

OREMUS.

Omnium, Domine, fons bonorum, cunctorum Deus institutor perfectuum, tribue, quæsumus famulo tuo N. adeptam benè agere dignitatem, et à te sibi præstitum honorem dignare roborare, Honorifica eum præ cunctis Regibus terræ, uberi cum benedictione † locupletâ, et in solio regni firmâ stabilitate consolida ; visita eum in sobole , præsta ei prolixitatem vitæ, in diebus ejus semper oriatur justitia et cum jucunditate et lætitiâ æterno glorietur in regno. Per Dominum nostrum Jesum Christum Filium tuum , qui tecum vivit et regnat in unitate Spiritûs

sancti Deus, per omnia sæcula sæculorum. Amen.

l'unité du Saint-Esprit , par
Ainsi soit-il.

nel. Par notre Seigneur J.C.
votre Fils, qui , étant Dieu,
vit et règne avec vous en
tous les siècles des siècles.

Après cette oraison , M. l'archevêque de Reims
prend la main de justice sur l'autel , et la met dans
la main gauche du Roi, en disant ces paroles :

*Accipe virgam virtutis
atque æquitatis, quâ intelligas mulcere pios, et terre-
re reprobos, errantibus viam
dare, lapsisque manum por-
rige, disperdasque superbos,
et releves humiles , ut ape-
riat tibi ostium Jesus Christus noster, qui de seipso ait:
Ego sum ostium, per me si
quis introierit, salvabitur.
Et ipse qui est clavis David,
et sceptrum domûs Israël,
qui aperit et nemo claudit ,
claudit et nemo aperit , sit
tibi adjutor : qui eduxit
vinctum de domo carceris,
sedentem in tenebris et um-
brâ mortis; ut in omnibus
sequi merearis eum, de quo
propheta David cecinit :*

Recevez cette verge de
vertu et d'équité, par laquelle
vous sachiez traiter avec
douceur les bons, et donner
de la terreur aux méchans ,
redresser ceux qui s'égarent,
tendre la main à ceux qui
sont tombés, abattre les superbes , et relever les humbles , afin que Jésus-Christ
notre Seigneur, vous ouvre
la porte, lequel a dit de soi :
Je suis la porte , et si
quelqu'un entre par moi , il
sera sauvé. C'est lui qui est
la clef de David, et le sceptre de la maison d'Israël ,
qui ouvre sans que personne
puisse fermer , qui ferme
sans que personne puisse
ouvrir. Que celui-là soit vo-

tre protecteur et votre aide , qui a tiré du fond des cachots un captif malheureux, chargé de chaînes, et enfoncé dans les ténèbres et dans les ombres de la mort; afin que vous ressembliez en tout à celui dont le prophète chante : Vôtre trône, ô Dieu, sera un trône éternel , et le sceptre de votre empire sera un sceptre d'équité et de justice; et que vous imitiez celui qui dit : Aimez la justice, et ayez en haine l'iniquité; c'est pour-

Sedes tua, Deus, in sæculum sæculi, virga æquitatis, virga regni tui ; et imiteris eum qui dicit : Diligas justitiam , et odio habeas iniquitatem; proptereà unxit te Deus, Deus tuus oleo lætitiæ : ad exemplum illius quem ante sæcula unxerat præ participibus suis Jesum Christum Dominum nostrum, qui vivit et regnat in unitate Spiritûs sancti Deus, per omnia sæcula sæculorum Amen.

quoi le Seigneur votre Dieu vous a sacré d'une huile de joie à l'exemple de celui qu'il avait sacré avant tous les siécles , préférablement à ses cohéritiers et ses frères ; J. C. notre Seigneur , qui, étant Dieu, vit et règne en l'unité du Saint-Esprit, dans tous les siècles des siècles. Ainsi soit-il.

INTRONISATION DU ROI.

En ce moment, me dit Dom l'Heureux, une cérémonie antique se retracera à vos yeux. Avant leur conversion à la foi chrétienne et immédiatement après leur élection, les premiers Rois français, se-

lon les mœurs gauloises , étaient élevés sur un pa-
voi ou large bouclier ; les chefs de l'état et de l'armée, le portaient sur leurs épaules, pour le faire
voir au peuple ; le promenaient revêtu des habits
royaux , autour de l'assemblée qui se tenait en
pleine campagne, et souvent même autour de toute
l'armée , faisant porter son sceptre, la main de
justice, au son des instrumens, et au milieu des
acclamations du peuple.

Ici le roi va être placé entre le ciel et la terre ,
exposé aux regards et aux acclamations du peuple.
Il ne se présentera pas seulement avec les attributs
de la royauté, mais aussi dans les vêtemens du fils
aîné de l'église , et réunissant en sa personne,
comme les anciens druïdes, le sacerdoce à l'empire
ou au commandement.

Précédé des grands du royaume, le Roi monté sur
son trône, les portes du temple s'ouvrent; alors
les acclamations se font entendre , la musique unit
ses accords divins aux transports du peuple, l'ar-
tillerie fait retentir au loin les foudres de la puissance, tandis que le monarque s'humilie aux pieds
des autels, en présence de la nation , loin de se livrer à aucun sentiment d'orgueil , ou de vanité, et
donne ainsi à ceux qu'il est appelé à gouverner ,
l'exemple de la soumission au Roi des Rois, au
créateur du ciel et de la terre.

Après les cérémonies et prières ci-dessus, M. le

chancelier se met contre l'autel, tournant le visage devant le Roi et l'assitance, et appelle à haute voix les douze pairs, selon leur ordre et dignité, commençant par les pairs laïcs. Si M. le chancelier était absent, M. l'archevêque de Reims, à son défaut, les appelle, ainsi qu'il suit :

. Monsieur N. qui servez pour le duc de Bourgogne, présentez-vous à cet acte.

Monsieur N. qui servez pour le duc de Normandie, présentez-vous à cet acte.

Monsieur N. qui servez pour le duc d'Aquitaine, présentez-vous à cet acte.

Monsieur N. qui servez pour le comte de Toulouse, présentez-vous à cet acte.

Monsieur N. qui servez pour le comte de Flandres, présentez-vous à cet acte.

Monsieur N. qui servez pour le comte de Champagne, présentez-vous à cet acte.

Quant aux pairs ecclésiastiques, ils seront appelés par M. le chancelier, (ou, en son absence, par M. l'archevêque de Reims,) selon l'ordre ci-dessus marqué.

Cette convocation étant faite, M. l'archevêque de Reims se lève de sa chaire, et se tourne devant le grand autel, sur lequel il prend la grande couronne de Charlemagne, apportée de Saint-Denis, en France, et la tient élevée sur la tête du Roi, sans toutefois la faire poser dessus : tous les pairs, tant laïcs qu'ecclésiastiques, y mettent les mains pour la soutenir; et M. l'archevêque de Reims dit l'oraison suivante :

OREMUS.

Coronet te Deus coronâ gloriæ, atque justitiæ hono-re, et opere fortitudinis; ut per officium nostræ benedic-tionis †, cum fide rectâ, et multiplicem bonorum ope-rum fructu, ad coronam pervenias regni perpetui; ipso largiente, cujus regnum et imperium permanet in sæcula sæculorum. Amen.

ORAISON.

Que Dieu vous couronne d'un éclat de gloire, de la splendeur de justice, et des actions de force; afin que par le ministère de notre bé-nédiction †, vous méritiez par une foi sincère, et par un grand nombre de bonnes œuvres, d'arriver à la cou-ronne du royaume éternel; par la libéralité de celui dont le trône et l'empire persé-

vère dans le siècle des siecles. Ainsi soit-il.

Cette oraison finie, M. l'archevêque de Reims seul pose et met la couronne sur la tête du Roi, la tenant toujours de la main gauche, à laquelle tous les pairs, tant laïcs qu'ecclésiastiques, mettent aussi la main : et M. l'archevêque de Reims dit l'oraison ci-après.

OREMUS.

Accipe coronam regni, in nomine Patris †, et Filii †,

ORAISON.

Recevez la couronne du royaume au nom du Père †

du Fils †, et du Saint-Esprit † ; afin qu'ayant abattu l'ancien ennemi , et étant dégagé de la contagion de tous les vices, vous aimiez la justice , la miséricorde et le jugement; que votre vie soit sans aucun reproche d'injustice , et que la miséricorde et la piété en règlent toutes les actions, et qu'un jour vous receviez de la main de Jésus-Christ notre Seigneur, la couronne de gloire en la compagnie des saints.

Recevez, dis-je, cette couronne qui est une marque de sainteté , d'honneur et de force : et sachez qu'elle vous rend participant de notre ministère : et que comme nous sommes les pasteurs des consciences, aussi vous devez servir de protecteur à l'église contre toutes les adversités, et paraître un modérateur salutaire , et un illustre conducteur du royaume qui vous a été donné de Dieu; et que nous, tenant la place des apôtres et de tous les saints, avons par le mi-

et Spiritûs sancti† ; ut spreto antiquo hoste spretisque contagiis vitiorum omnium, sic justitiam, misericordiam et judicium diligas ; et ita justè , misericorditer et piè vivas , ut ab ipso Domino nostro Jesu Christo, in consortio sanctorum , æterni regni coronam percipias.

Accipe , inquam , coronam, quam sanctitatis gloriam , et honorem , et opus fortitudinis intelligas signare : et per hanc te participem ministerii nostri non ignores , ita ut sicut nos in interioribus pastores, rectoresque animarum intelligimur , ita tu contra omnes adversitates Ecclesiæ Christi defensor assistas, regnique tibi à Deo dati , et per officium nostræ benedictionis in voce exultationis , vice apostolorum , omniumque sanctorum regimini tuo

commissi utile executor ,
perspicuusque regnator sem-
per appareas; ut inter glo-
riosos athletas , virtutum
gemmis ornatus et præmio
felicitatis æternæ coronatus,
cum redemptore ac Salva-
tore nostro Jesu Christo ,
cujus nomen vicemque ges-
tare crederis, sine fine glo-
rieris, qui vivit, et regnat ,
et imperat Deus , cum Deo
Patre , in sæcula sæculo-
rum. Amen.

nistère de notre bénédiction,
commis à votre conduite ,
avec une voix d'exultation
et de joie; afin qu'étant tout
éclatant de vertu, et couronné d'un diadême éternel ,
vous régniez parmi ces illustres athlètes du ciel, avec
notre Sauveur et rédempteur
Jésus - Christ , dont nous
croyons que vous portez le
nom et l'image dessus la terre , et qui vit et règne avec
Dieu le père en unité d'essence , dans tous les siècles
des siècles. Ainsi soit il.

M. l'archevêque de Reims dit l'oraison suivante
après le couronnement du Roi :

OREMUS.

ORAISON.

Deus perpetuitatis , dux
virtutum, cunctorum hos-
tium victor, benedic + hunc
famulum, tibi caput suum
inclinantem, et prolixâ sa-
nitate , et prosperâ felicita-
te eum conserva : et ubi-
cumque pro quibus tuum
auxilium invocaverit, cito

Dieu éternel , auteur et
source des vertus, bénissez +
ce serviteur humilié devant
vous, et lui conservez une
santé perpétuelle , et une
prospérité fortunée , et partout où il implorera votre secours , faites promptement
paraître les effets de votre

présence et de votre protection ; versez , s'il vous plaît, Seigneur, dans son sein les riches effusions de votre gloire ; accomplissez ses désirs en vos biens, couronnez-le dans l'abondance de vos miséricordes, et qu'il vous serve, ô Dieu, continuellement avec une pieuse et sincère affection. Par notre Seigneur J. C. Ainsi soit-il.

adsis , et protegas , ac defendas ; tribue ei, quæsumus Domine, divitias gloriæ tuæ, comple in bonis desiderium ejus, corona cum miseratione et misericordiâ, tibique Deo piâ devotione jugiter famuletur. Per Christum Dominum nostrum. Amen.

Après cette oraison, M. l'archevêque de Reims dit sur le Roi les bénédictions suivantes :

Première bénédiction.

ORAISON.

Que Dieu tout-puissant , étende sa main pleine de † bénédictions dessus vous, et qu'il vous environne d'une félicité constante , et de la protection de son bras, et de celle de la bienheureuse Marie, de Saint Pierre, prince des apôtres, de Saint Denis , de Saint Remi, et par l'intercession et les mérites de tous les Saints. Ainsi soit-il.

OREMUS.

Extendat omnipotens eus, dexteram suæ benedictionis † , et circumdet te muro felicitatis, ac custodiâ suæ protectionis, sanctæ Mariæ, ac beati Petri apostolorum principis , sancti Dionisii, atque beati Remigii, et omnium sanctorum intercedentibus meritis. Amen.

Indulgeat tibi Dominus omnia peccata quæ gessisti, et tribuat gratiam et misericordiam, quam ab eo humiliter deposcis; et liberet te ab adversitatibus cunctis, et ab omnibus inimicorum visibilium et invisibilium insidiis. Amen.

Que Dieu vous pardonne tous les péchés que vous avez commis, et qu'il vous accorde, par sa bonté, la miséricorde et la grace que vous lui demandez avec humilité; qu'il vous préserve de tout mal et de toutes les embûches de vos ennemis visibles et invisibles. Ainsi soit-il.

Angelos suos bonos, qui te semper et ubique præcedant, comitentur et subsequantur, ad custodiam tui ponat, et te à peccato, seu gladio, et ab omni periculorum discrimine suá potentiá liberet. Amen.

Qu'il pose, pour votre garde, ses bons anges, qui vous précèdent, vous accompagnent et vous suivent toujours en tous lieux, et qu'il vous préserve, par sa puissance, du péché ou du glaive et enfin de tout péril.
Ainsi soit-il.

Inimicos tuos ad pacis, charitatisque benignitatem convertat, et bonis operibus te gratiosum et amabilem faciat pertinaces; quosque in tui insectatione et odio, confusione salutari induat; super te autem participatio et sanctificatio † sempiterna

Qu'il change le cœur de vos ennemis, et qu'il les porte à la douceur de la charité et de la paix, et qu'il vous rende aimable et agréable à tous par des bonnes actions. Qu'il charge de haine et d'une confusion salutaire ceux qui s'obstineront à vous persécu-

ter ; et qu'il fasse, au contraire, fleurir sur votre tête une
couronne de sainteté † et de gloire. Ainsi soit-il.

floreat. Amen.

Qu'il vous rende toujours
victorieux et triomphant des
ennemis visibles et invisibles,
et qu'il répande également
dans votre cœur une crainte
et un amour perpétuel de son
nom ; qu'il vous fasse , s'il
lui plaît, persévérer dans la
vraie foi et dans les bonnes
œuvres ; et après avoir donné
la paix à la terre en vos jours,
qu'il vous conduise, avec la
palme de la victoire , au
royaume éternel.
Ainsi soit-il.

Victoriosum atque trium-
phatorem de invisibilibus
atque visibilibus hostibus
semper efficiat , et sancti
nominis sui timorem pari-
ter et amorem continuum
cordi tuo infundat. et in
fide rectâ , ac bonis operi-
bus perseverabilem reddat ,
et pace in diebus tuis con-
cessâ, cum palmâ victoriæ,
te ad perpetuum regnum
perducat. Amen.

Que celui qui vous a éta-
bli Roi sur votre peuple ,
vous rende, et heureux en
ce siècle, et participant de la
félicité éternelle dans l'autre.

Et qui te voluit super po-
pulum suum constituere re-
gem, et in præsenti sæculo
felicem æternæ felicitatis tri-
buat esse consortem.

Ce que plaise accorder celui qui vit et règne sans fin
dans les siècles des siècles.
Ainsi soit-il.

Quod ipse præstare di-
gnetur, cujus regnum et
imperium sine fine permanet
in sæcula sæculorum.
Amen.

Seconde bénédiction.

ORÉMUS.

ORAISON.

Benedic †, Domine, Regem nostrum, qui regna omnium Regum à sæculo moderaris. Amen.

Bénissez † notre Roi, Seigneur, qni gouvernez dès le commencement des siècles, les royaumes de tous les Rois. Ainsi soit il.

Et tali eum benedictione glorifica, ut davidicâ teneat sublimitate sceptrum salutis, et sanctificæ propitiationis munere reperiatur locupletatus. Amen.

Et le couronnez d'une telle béuédiction, qu'il porte le sceptre de salut avec la même élévation que David, et qu'il ait le don d'une sainte propitiation comme ce prophète. Ainsi soit-il.

Da ei, à spiramine tuo, cum mansuetudine, ita regere populum, sicut Salomonem fecisti regnum obtinere pacificum. Amen.

Donnez-lui, s'il vous plait, par le souffle de votre esprit, la grace de guoverner son peuple avec douceur, de même que vou, avez fait régner Salomon avec tranquillité. Ainsi soit-il.

Tibi cum timore sit subditus, tibique militet cum quiete : sit tuo clypeo protectus, cum proceribus, et ubique gratiâ tuâ victor existat. Amen.

Qu'il vous soit soumis avec crainte, qu'il vous serve avec repos, qu'il soit couvert de votre bouclier avec les grands de son royaume, et qu'avec votre grace il soit partout victorieux. Ainsi soit-il.

Honorez le pardessus tous les Rois des autres nations ; qu'il domine sur les peuples avec félicité, et que les peuples trouvent leur bonheur dans la soumission et l'obéissance, qui sont les ornemens de son trône, qu'il vive généreux au milieu des nations. Ainsi soit-il.

Honorifica eum præ cunctis Regibus gentium, felix populis dominetur, et feliciter eum nationes adornent, vivat inter gentium nationes magnanimus. Amen.

Qu'il excelle dans les actions de justice ; qu'il reçoive de votre main libérale des richesses avec abondance ; que sa patrie soit féconde en toutes sortes de biens, et que ses enfans prospèrent heureusement par votre grace. Ainsi soit-il.

Sit in judiciis æquitatis singularis, locupletet eum tua prædives dextera, frugiferam obtineat patriam, et ejus liberis tribuas profutura. Amen.

Donnez-lui une longue vie dans le temps, que la justice règne en ses jours, que son trône soit soutenu de votre main, et qu'il jouisse glorieusement et avec joie du royaume éternel. Ainsi soit-il.

Præsta ei prolixitatem vitæ per tempora, ut in diebus ejus oriatur justitia, à te robustum teneat regiminis solium, et cum jucunditate et lætitiâ æterno glorietur regno. Amen.

Ce que lui veuille accorder celui dont l'empire et le royaume, demeure dans les siècles des siècles.

Ainsi soit-il.

Quod ipse præstare dignetur, cujus regnum et imperium sine fine permanet in sæcula sæculorum. Amen.

OREMUS.

Omnipotens Deus det tibi de rore cæli, et de pingue-dine terræ abundantiam frumenti, vini et olei; et serviant tibi populi, et ado-rent te tribus : esto Dominus fratrum tuorum, incurven-tur ante te filii matris tuæ; et qui benedixerit tibi, be-nedictionibus repleatur, et Deus erit adjutor tuus : om-nipotens benedicat † tibi benedictionibus cæli desuper in montibus et collibus, be-nedictionibus abyssi jacenti-bus deorsum, benedictioni-bus uberum, et uvarum, pomorumque, benedictiones patrum antiquorum, Abra-ham, Isaac, et Jacob, con-fortatæ sint super te. Per Christum Dominum nos-trum. Amen.

ORAISON.

Que Dieu tout-puissant vous donne de la rosée du ciel, et de la graisse de la terre, une abondance de blé, de vin et d'huile; que tous les peuples vous servent, et que les tribus vous adorent. Soyez le maître de vos frères, et que les enfans de votre mère se courbent devant vous; que celui qui vous bé-nira soit rempli de bénédic-tions, et le Seigneur sera votre appui et votre aide : que le tout-puissant vous comble de toutes les béné-dictions †, que le ciel ré-pand dessus les collines et les montagnes, et encore de toutes celles qu'il fait couler avec ses influences dans le fond des abîmes; encore de celles de toutes sortes de fruits dont il embellit la face de la terre; que les bénédictions des anciens patriarches d'Abraham, Isaac et Jacob, soient confirmées pleinement en vous. Par notre Seigneur J.-C. Ainsi soit-il.

ORAISON.

Bénissez , Seigneur , la force du Prince, et recevez favorablement les œuvres de ses mains, et que sa terre soit, par votre bénédiction, couverte de fruit, des fruits du ciel, de la rosée et de l'abîme, des fruits du soleil et de la lune, des fruits des anciennes montagnes et des vallées éternelles, et des fruits de la plénitude de la terre ; que la bénédiction de celui qui apparut dans le buisson, descende dans son ame, et que la mesure de toutes ses bénédictions soit pleine dans ses enfans ; qu'il trempe son pied dans l'huile ; que sa force soit la force du rhinocéros, avec laquelle il dissipera les nations, et criblera les peuples jusqu'aux confins de la terre ; parce que le conquérant qui est monté par sa vertu dans le ciel, sera éternel-

OREMUS.

Benedic , Domine , fortitudinem principis, et opera manuum illius suscipe, et benedictione tuâ terra ejus de pomis repleatur, de fructu cælesti, et rore atque abyssi subjacentis , de fructu solis et lunæ, et de vertice antiquorum montium, de pomis æternorum collium , et de frugibus terræ, et plenitudine ejus ; benedictio illius, qui apparuit in rubo, veniat super caput ejus, et plena sit benedictio Domini in filiis ejus, et tingat in oleo pedem suum ; cornua rhinocerontis cornua illius, in ipsis ventilabit gentes usque ad terminos terræ ; quia ascensor cæli auxiliator suus in sempiternum fiat. Per Dominum nostrum Jesum Christum Filium tuum, qui tecum vivit et regnat in unitate Spiritûs sancti Deus,

per omnia sæcula sæcula- lement son appui. Par notre
rum. Amen. Seigneur J. C. votre Fils,
qui, étant Dieu, vit et règne
avec vous, en l'unité du St-Esprit, dans tous les siècles
des siècles. Ainsi soit-il.

Toutes ces oraisons achevées, M. l'archevêque de
Reims prend le Roi par la manche du bras droit,
Sa Majesté tenant le sceptre et la main de justice
en ses mains : tous les pairs, tant laïcs qu'ecclésiastiques, sont autour du Roi, et touchent de leurs
mains sa couronne. M. le connétable (ou celui qui
le représente) marche devant Sa Majesté, tenant
l'épée nue à la main : M. le chancelier marche aprè,
M. le connétable, et M. le grand-maître marche
dans le rang d'après, ayant à sa droite M. le grand
chambellan, et à sa gauche M. le premier chambellan.

En cet ordre M. l'archevêque de Reims conduit
le roi en son trône, qui est préparé au pupitre ou
jubé, ainsi que nous avons dit ci-devant ; où étant
arrivés, le Roi ayant le dos tourné contre la nef,
M. l'archevêque de Reims, le tenant toujours, dit
ce qui suit :

Sta, et retine amodo Demeurez ferme , et
statum quem hucusque pa- conservez le rang que vous
ternâ successione tenuisti, avez tenu jusqu'ici par la

succession de vos pères , et qui, par droit hérédi-taire, vous est délégué par l'autorité de Dieu tout-puissant, et par notre pré-sent ministère , c'est-à-dire, de tous les évêques, et de tous les serviteurs de Dieu : et ressouvenez-vous , d'autant plus que vous voyez le clergé pro-che des Autels, de lui don-ner les premiers honneurs dans des lieux convena-bles à sa condition , en-sorte que le médiateur de Dieu et des hommes vous rende le médiateur du cler-gé et du peuple.

hœreditario jure tibi dele-gatum , per authoritatem Dei omnipotentis , et per præsentem traditionem nos-tram, omnium scilicet Epis-coporum , cæterorumque Dei servorum ; et quantò Clerum propinquiorem sa-cris altaribus prospicis , tantò et potiorem in locis congruentibus honorem im-pendere memineris ; quate-nùs mediator Dei et homi-num, te mediatorem Cleri et plebis constituat.

M. l'archevêque de Reims, le tenant par la main, le fait scoir , et dit :

Que Jésus-Christ notre Seigneur, Roi des Rois, Monarque des Monar-ques, vous confirme dans le siége de ce royaume, et vous fasse régner dans le

In hoc regni solio con-firmet te, et in regno æter-no secum regnare faciat Je-sus Christus Dominus nos-ter , Rex Regum , et Domi-nus dominantium, qui cum

Deo Patre et Spiritu sancto vivit et regnat, per omnia sœcula sœculorum. Amen.

℣. Firmetur manus tua, et exaltetur dextera tua.

℞. Justitia et judicium præparatio sedis tuœ.

℣. Domine, exaudi orationem meam.

℞. Et clamor meus ad te veniat.

℣. Dominus vobiscum.

℞. Et cum spiritu tuo.

OREMUS.

Deus, qui victrices Moisis manus in oratione firmasti, qui quamvis œtate lacesseret , infatigabili sanctitate pugnabat , ut dum Amalech iniquus vincitur, dum profanus na-

royaume éternel avec lui, qui vit et règne avec le Père et le St-Esprit, dans tous les siècles des siècles. Ainsi soit-il.

℣. Que votre main soit affermie, et que votre droite soit exaltée.

℞. Que la justice et le jugement soient la préparation de votre trône.

℣. Seigneur , exaucez ma prière.

℞. Et que mes cris s'élèvent jusqu'à vous.

℣. Le Seigneur soit avec vous.

℞. Et avec votre esprit.

ORAISON.

O Dieu, qui avez soutenu dans l'oraison les mains de Moïse, qui, étant tout cassé de vieillesse, ne laissait pas de combattre avec une sainteté infatigable ; ensorte qu'ayant vaincu

Amalech, et subjugué les nations infidèles et étrangères par ses prières, aussi bien que par ses conseils, il acquit une abondante possession au peuple, qui était votre héritage : exaucez, s'il vous plaît, notre prière, et confirmez l'ouvrage de nos mains, et principalement ayant auprès de vous, Père saint, un Sauveur qui a étendu ses bras dessus une croix pour l'amour de nous, en vertu duquel nous prenons la hardiesse de crier à haute voix, et de demander avec confiance, que l'impiété de nos ennemis soit brisée par l'effort de votre puissance, et que votre peuple, affranchi de tous les périls, apprenne seulement à vous craindre.

tionum populus subjugatur, exterminatis alienigenis, hæreditati tuæ possessio copiosa serviret : opus manuum nostrarum pià nostræ orationis exauditione confirma; habemus et nos apud te, sancte Pater, Dominum salvatorem, qui pro nobis manus suas tetendit in Cruce, per quem etiam precamur altissimè, ut ejus potentià suffragante universorum hostium frangatur impietas, populusque tuus, cessante formidine, te solùm timere condiscat. Per eumdem Dominum nostrum Jesum Christum Filium tuum, qui tecum vivit et regnat in unitate Spiritûs sancti Deus, per omnia sæcula sæculorum Amen :

Par le même Jésus-Christ votre Fils, qui, étant Dieu, vit et règne avec vous en l'unité du St-Esprit, dans tous les siècles des siècles. Ainsi soit-il.

Cette oraison finie, et le Roi assis en son trône, M. l'archevêque de Reims ôte sa mitre, et baise Sa Majesté, après lui avoir fait une profonde révérence ; puis dit à haute voix :

Que le Roi vive éternellement.

Tous les pairs (les ecclésiastiques les premiers) baisent pareillement Sa Majesté, et disent aussi :

Vive le Roi éternellement.

Pour lors tout le peuple fait acclamation et crie, *Vive le Roi*, au son des trompettes, des haut-bois, et de toutes sortes d'instrumens ; puis M. l'archevêque de Reims entonne le *Te Deum*, qui est continué par l'orgue et la musique.

CANTIQUE.

Te Deum laudamus, te Dominum confitemur.

Nous vous louons, Dieu tout-puissant : nous confessons que vous êtes le Seigneur de l'univers.

Te æternum patrem omnis terra veneratur.

Vous, Père éternel que toute la terre adore.

Tibi omnes angeli : tibi cœli, et universæ potestates.

Tous les anges sont les fidèles exécuteurs de vos volontés : les cieux et les puissances vous adorent et vous craignent.

Les Chérubins et les Séraphins chantent perpétuellement ce cantique en votre honneur :

Saint, Saint, Saint, est le Seigneur Dieu des armées ;

Les cieux et la terre sont remplis de la grandeur de votre gloire ;

Vous êtes exalté par la glorieuse compagnie des apôtres ;

La vénérable multitude des prophètes récite des hymnes pour vous honorer ;

L'innocente et nombreuse armée des matyrs célèbre vos louanges ;

Et la sainte Eglise vous confesse par toute la terre;

Le père éternel, qui est d'une grandeur incompréhensible ;

Le vrai et unique Fils, engendré de la substance du Père.

Tibi Chérubim et Séraphim, incessabili voce proclamant :

Sanctus, sanctus, sanctus Dominus Deus Sabaoth ;

Pleni sunt cœli et terrá majestatis gloriæ tuæ ;

Te gloriosus apostolorum chorus;

Te prophetarum laudabilis numerus;

Te martyrum candidatus laudat exercitus ;

Te per orbem terrarum sancta confitetur ecclesia ;

Patrem immensæ majestatis.

Venerandum tuum verum, et unicum Filium ;

Sanctum quoque para-
cletum Spiritum.

Tu, Rex gloriæ Christe.

Tu, patris sempiternus
es filius;

Tu, ad liberandum sus-
cepturus hominem, non
horruisti Virginis uterum;

Tu, devicto mortis acu-
leo, aperuisti credentibus
regna cælorum;

Tu, ad dexteram Dei se-
des, in gloriâ Patris;

Judex crederis esse ven-
turus,

Te ergò quæsumus, fa-
mulis tuis subveni, quos
pretioso sanguine redemis-
ti.

Æterna fac cum sanctis

Et le St-Esprit consola-
teur, qui procède du Père
et du Fils.

Vous, Christ, qui êtes
le Roi de gloire.

Vous, qui êtes le Fils
éternel du Père.

Vous qui, pour délivrer
l'homme de la servitude,
avez voulu vous faire homme, et n'avez point dédai-
gné le sein d'une Vierge,

Vous qui, après avoir
rompu l'aiguillon de la
mort, avez ouvert aux
Croyans le royaume des
cieux.

Vous, qui êtes assis à la
droite de Dieu, en la gloire du Père.

Et qui devez un jour
venir juger le monde.

Nous vous supplions de
subvenir par votre assis-
tance à vos serviteurs, que
vous avez rachetés par votre précieux sang.

Faites, s'il vous plaît

qu'ils soient comptés dans la gloire au nombre de vos saints.

tuis in gloriâ numerari ;

Sauvez votre peuple, Seigneur, et comblez de bénédictions votre héritage.

Salvum fac populum tuum, Domine : et benedic hæreditati tuæ

Prenez le soin de nous conduire, et ne vous lassez jamais de nous favoriser.

Et rege eos : et extolle illos usque in æternum.

Nous employons tous les jours à vous remercier de vos bienfaits.

Per singulos dies benedicimus te.

Nous louons sans cesse votre nom, et nous le louerons à jamais.

Et laudamus nomen tuum in sæculum : et in sæculum sæculi.

Préservez-nous, s'il vous plaît, Seigneur, de tomber cette journée en péché.

Dignare, Domine, die isto : sine peccato nos custodire.

Ayez pitié de nous, Seigneur, ayez pitié de nous.

Miserere nostri, Domine : miserere nostri.

Et comme nous avons espéré en votre bonté, faites que nous sentions les effets de votre miséricorde.

Fiat misericordia tua, Domine, super nos, quemadmodùm speravimus in te.

In te, Domine, spera-
vi : non confundar in æter-
num.

En vous, Seigneur, j'ai
mis mon espérance, je ne
recevrai point de confu-
sion à jamais.

Durant cette joie et acclamation publique, on
jette, tant dans la nef de Notre-Dame, que dehors,
en la place vis-à-vis le grand portail, un grand
nombre de pièces d'or et d'argent marquées de la
représentation et effigie du Roi, avec la date du
jour de son sacre et couronnement, et au revers
marquées de telle figure qu'il plaît à Sa Majesté,
parmi lesquelles on y mêle des pièces de monnaies
courantes.

La grand'messe se dit comme l'office, ou la fête
du jour qui se rencontre le requiert; avec cette dif-
férence, que, quoiqu'elle se chante comme aux
fêtes solennelles du premier double, le célébrant,
après la première oraison de la messe, y ajoute
l'oraison suivante pour le Roi :

OREMUS.

ORAISON.

Quæsumus omnipotens
Deus, ut famulus tuus Rex
noster N. qui tuâ mise-
ratione suscepit regni gu-
bernacula, virtutum etiam

Dieu tout-puissant, nous
vous prions que N. votre
serviteur et notre Roi, qui
a reçu de votre miséricorde la conduite de ce

royaume reçoive aussi de votre grace l'accroissement de toutes les vertus; afin qu'étant revêtu (comme il doit être) de ces glorieux ornemens, il puisse dompter les monstres des vices, surmonter ses ennemis, et arriver, comblé de graces et de mérites, jusqu'à vous, qui êtes la voie, la vérité et la vie, et qui vivez et régnez avec le St-Esprit, dans tous les siècles des siècles. Ainsi soit-il.

omnium percipiat incrementa; quibus decenter ornatus, et vitiorum monstra devitare, hostes superare, et ad te, qui via, veritas, et vita es, gratiosus valeat pervenire. Qui vivis et regnas in unitate Spiritûs sancti, per omnia sæcula sæculorum. Amen.

À l'évangile de la grand'messe, le Roi se lève, et le pair laïc, qui représente le duc de Bourgogne, lui ôte la couronne de dessus la tête, et la pose sur un carreau qui est préparé sur l'appui du jubé. Après que l'évêque, qui fait l'office de diacre, a chanté l'évangile, il porte le livre des évangiles à Sa Majesté : un cardinal, s'il y en a qui assiste à la cérémonie du sacre, marche devant, et étant au pied de l'escalier, fait une profonde révérence ; au milieu, il en fait une seconde ; et étant arrivé au jubé, le cardinal prend le livre des mains de l'évêque servant de diacre, et le présente à baiser à Sa Majesté, après avoir fait une troisième révérence, et ensuite rend le livre à l'évêque, qui le porte à M. l'archevêque de Reims; et le sieur cardinal s'en retourne après cela en sa place. S'il n'y avait point de cardinal au sacre, l'évêque servant de diacre s'acquitterait de cette cérémonie.

A l'offertoire de la messe, quatre seigneurs, qui sont assis, durant le sacre et le couronnement, derrière les pairs laïcs, et qui, lorsque le Roi monte à son trône, se viennent placer, en quatre chaires des chanoines, qui leur sont préparées, pour être plus prés et plus en état de servir à porter les offrandes, partent en l'ordre qui suit :

Le premier porte le vin en un vase de nacre de perles, garni d'or, et enrichi de pierreries, de très-grand prix; le second porte un grand pain d'argent; le troisième porte un autre grand pain d'or; et le quatrième porte une riche bourse, en laquelle il y a treize grandes pièces d'or, marquées de telles figures qu'il plaît au Roi.

Deux rois d'armes, ou hérauts, marchent devant ces quatre seigneurs, qui n'omettent rien des révérences requises en telle cérémonie, et montent jusqu'au trône du roi, où étant arrivés, ils en partent incontinent après en l'ordre qui suit :

Les deux hérauts marchent les premiers ; après
eux marchent deux huissiers de la chambre du Roi,
puis les quatre seigneurs, en l'ordre que nous ve-
nons de marquer; ensuite M. le chancelier, M. le
grand-maître, et M. le connétable, tenant l'épée
nue en la main; puis après le Roi, environné de
tous les pairs, tenant en sa main droite le sceptre,
et en sa main gauche la main de justice.

Pendant ce temps, M. le grand-chambellan, et
M. le premier chanbellan, ou premier gentilhomme
de la chambre, demeurent proche le trône, comme
pour le garder.

Le Roi arrivant au grand autel, les hérauts, les
huissiers, M. le connétable, M. le chancelier et M.
le grand-maître se séparent des deux côtés, pour
faire place à deux seigneurs, qui viennent respectueu-
sement prendre le sceptre et la main de justice que le
Roi tient, pour en décharger Sa Majesté. Alors le
seigneur qui porte la bourse, après une profonde
révérence, la met en la main du Roi, pour l'offrir;
puis après vient celui qui porte le pain d'or; ensuite, celui qui porte le pain d'argent; et pour le
dernier, celui qui porte le vase où est le vin.

L'offrande étant faite, le Roi reprend le sceptre et
la main de justice, et s'en retourne à son trône,

accompagné de tous les pairs , de M. le connétable,
de M. le chancelier, et de M. le grand-maître.

Les seigneurs qui ont porté les offrandes s'en re-
tournent aux chaires des chanoines, où ils étaient
auparavant placés.

Après l'offrande , M. l'archevêque de Reims dit
l'oraison ou secrète suivante :

OREMUS.

Munera, quæsumus Do-
mine, oblata sanctifica ; ut
et nobis unigeniti corpus
et sanguis fiant, et N.
Regi nostro ad obtinendam
animæ corporisque salu-
tem, et ad peragendum
injunctum officium, te lar-
giente, consequatur. Per
Dominum nostrum Jesum
Christum Filium tuum qui
tecum vivit et regnat in
unitate Spiritûs sancti
Deus , per omnia sæcula
sæculorum. Amen.

ORAISON.

Sanctifiez , Seigneur ,
ces dons que nous vous
présentons , afin qu'ils
nous soient faits le corps
et le sang de votre Fils
unique, et qu'ils puissent
servir à N. notre Roi, pour
obtenir une parfaite san-
té de corps et d'esprit, et
s'acquitter toujours di-
gnement , avec l'aide de
votre grace , de la charge
qui lui est commise. Par
notre Seigneur J. C. votre
Fils, qui , étant Dieu, vit
et règne avec vous enl'u-

nité du St-Esprit , dans tous les siècles des siècles.
Ainsi soit-il.

Avant que M. l'archevêque de Reims chante : *Pax Domini sit semper vobiscum*, il dit pour le Roi et pour le peuple, les oraisons suivantes :

ORAISON.

Que le Seigneur vous bénisse †, et vous prenant en sa protection , qu'il fasse par bonté, que, com- me il vous a établi Roi dessus ce peuple, il vous rende heureux en ce siè- cle ; et participant de la félicité éternelle en l'au- tre. Ainsi soit-il.

Qu'il fasse encore , s'il lui plaît, que vous gou- verniez longuement par un effet de sa providence et de votre conduite le clergé et le peuple , qu'il a voulu être assemblé par sa miséricorde sous vos loix. Ainsi soit-il.

Ensorte qu'obéissant à vos commandemens, étant

OREMÙS.

Benedicat † *tibi Domi- nus, custodiensque te, si- cut te voluit super popu- lum tuum constituere Re- gem, ita et in præsenti sæ- culo felicem , et æternæ salutis tribuat esse consor. tem. Amen.*

Clerum ac populum , quem suâ opitulatione, et tuâ sanctione congregari , suâ dispensatione , et tuâ administratione, per diur- na tempora faciat feliciter gubernari. Amen.

Quatenùs divinis moni- tis parentes, adversitati-

bus omnibus carentes , bo-
nis omnibus exuberantes ,
tuo ministerio fideli amo-
re obsequentes, et in præ-
senti sæculo pacis tran-
quillitate fruantur , et te-
cum æternorum civium
consortio potiri mereantur.
  Amen.

exempts de toutes sortes
d'adversités, abondanten
tous biens, servant avec
amour et fidélité à votre
ministère , ils jouissent
dans le temps de la tran-
quillité et des douceurs
de la paix , et qu'un jour
ils aient le bonheur d'être
en la compagnie des bien-

heureux dans l'éternité. Ainsi soit-il.

Quod ipse præstare di-
gnetur , cujus regnum et
imperium sine fine perma-
net in sæcula sæculorum.

Ce que plaise accorder
celui dont le royaume
subsiste sans fin , dans
les siecles des siècles.

Et benedictio Dei om-
nipotentis , Patris †, et
Filii †, et Spiritûs sanc-
ti †, descendat super vos,
et maneat semper. Amen.

Et que la bénédiction
de Dieu tout-puissant, du
Père †, du Fils †, et du
St-Esprit †, descende et
demeure éternellement
sur vous. Ainsi soit-il.

M. l'archevêque de Reims ayant chanté, *Pax Do-*
mini sit semper vobiscum, le Sieur cardinal ou évêque qui a présenté au Roi le livre des Evangiles pour
le baiser, prend la paix de M. l'archevêque de Reims,

le baisant à la joue, va au pupitre ; et s'approchant
de Sa Majesté, lui présente la paix par ce même baiser : après quoi, tous les pairs faisant la même chose, donnent pareillement au Roi le baiser de paix.

Pendant ce temps, M. l'archevêque de Reims
fait la bénédiction de la bannière royale, par l'oraison suivante :

ORAISON.

Exaucez, Seigneur, fa-
vorablement les prières
que nous vous adressons
avec humilité, et par l'en-
tremise du bienheureux
Saint Michel, votre ar-
change, et de toutes les
vertus célestes, des bienheureux martyrs S. Denis,
S. Rustique, S. Eleuther,
et de tous les Saints : ai-
dez-nous, s'il vous plaît,
de la force de votre bras;
comme vous avez béni
Abraham triomphant de
cinq rois, et David com-
battant avec succès en votre nom, bénissez † pa-

OREMUS.

*Incita, Domine, aurem
tuam ad preces humilitatis
nostræ, et per interventum
beati Michaëlis Archange-
li tui, omniumque cæles-
tium virtutum, sed et bea-
torum Martyrum Dionisii,
Rustici et Eleutherii, omniumque Sanctorum tuo-
rum : præsta nobis auxi-
lium dextræ tuæ; ut sicut
benedixisti Abraham ad-
versus quinque Reges
triumphantem, atque Da-
vid Regem in tui nominis
laude triumphales congres-
sus exercentem, ità benedicere † et sanctificare di-*

gneris vexillum hoc, quod ob defensionem Regni, et sanctæ ecclesiæ contra hostilem rabiem defertur; quatenùs in Christi nomine fideles et defensores populi Dei illud consequentes, per virtutem sanctæ Crucis, triumphum et victoriam se ex hostibus acquisisse lætentur. Qui cum Patre et Spiritu sancto vivit et regnat, per omnia sæcula sæculorum. Amen.

reillement et sanctifiez cette bannière que l'on porte pour la défense de l'Eglise contre la rage et l'insolence ennemie; ensorte que les fidèles et les défenseurs du peuple de Dieu qui la suivent en votre nom, puissent se glorifier d'avoir triomphé de leurs ennemis par la vertu de la Croix de J. C., qui vit et règne avec vous en l'unité du St-Esprit, par tous les siècles des siècles. Ainsi soit-il.

Dernière oraison de la messe, ou postcommunion.

OREMUS.

Hæc, Domine, oratio salutaris famulum tuum N. Regem ab omnibus tueatur adversis; quatenùs et ecclesiasticæ pacis obtineat tranquillitatem, et post istius temporis decursum, ad æternam perve-

ORAISON.

Seigneur, que cette oraison salutaire préserve N. votre serviteur et notre Roi, de tout mal; ensorte qu'il obtienne à l'Eglise la tranquillité de la paix; et qu'après le cours de cette vie, il possède l'héritage éternel. Par notre Seigneur J. C. qui , étant Dieu , vit et règne avec vous en l'unité du St-Esprit, dans tous les siècles des siècles. Ainsi soit-il.

niat hæreditatem. Per Dominum nostrum Jesum Christum Filium tuum qui tecum vivit et regnat in unitate Spiritûs sancti Deus , per omnia sæcula sæculorum. Amen.

-. La Messe étant achevée, M. l'archevêque de Reims s'appuie contre l'Autel , en attendant que les pairs, tant ecclésiastiques que laïcs, avec les autres Seigneurs qui accompagnent Sa Majesté, l'aient amenée. Le Roi étant arrivé proche du grand Autel, entre en son oratoire, dont nous avons ci-devant fait mention , pour se réconcilier à Dieu avec son confesseur ; puis Sa Majesté se met à genoux devant le grand Autel, et après avoir dit le *Confiteor*, et reçu l'absolution par M. l'archevêque de Reims, elle reçoit les précieux Corps et Sang de notre Seigneur Jésus-Christ, sous les deux espèces du pain et du vin , en grande humilité.

Ce qui étant fait, M. l'archevêque de Reims, ôte la grande couronne que le Roi a sur la tête, et lui en met une autre plus petite et plus légère. Le Roi, revêtu de ses habits royaux, s'en retourne au palais archi-épiscopal; M. le connétable , ou celui qui le représente, marche devant Sa Majesté, portant l'épée hue à la main ; et devant lui , marche un seigneur qui porte la grande couronne entre ses mains. Etant arrivé dans la grande salle du palais, cette couronne est mise sur un carreau préparé exprès, sur le bout de la table où Sa Majesté doit manger; le sceptre et la main de justice sont aussi posés sur le même carreau.

Après cela , l'abbé ou le grand-prieur de Saint-Remi , accompagné de quatre seigneurs ou barons envoyés par le Roi, remporte la Sainte-Ampoule en l'ordre et manière que nous avons dit ci-devant !....

Le Roi étant de retour au palais, entre en sa chambre pour changer d'habits, et laver ses mains ; ensuite Sa Majesté donne sa chemise et ses gants à un de ses aumôniers prélat, pour être brûlés ; commande que les autres vêtemens soient rendus à l'abbé de Saint-Denis en France, ou à celui qui est venu, en sa place, à la cérémonie du sacre.

Le Roi ayant ainsi changé d'habits , et étant revêtu d'autres très-riches et somptueux , Sa Majesté se vient mettre à table, sous un dais de très-riche étoffe, préparé en la grande salle du palais archi-épiscopal, laquelle est ornée de riches tapisseries.

La table du Roi est ordinairement de neuf pieds de longueur, ou environ, et d'un pied plus haute

que les autres tables. Aux deux bouts de la table du
Roi, sont dressées les deux tables de MM. les pairs ;
M. l'archevêque de Reims se met à celle qui est à
la droite, au bout le plus proche de la table du
Roi, et les autres pairs ecclésiastiques en suivant ,
selon leur ordre.

Les pairs laïcs sont à la table qui est à la gauche
de celle du Roi , suivant leur rang, ainsi que nous
l'avons marqué ci-dessus.

Il y en a aussi d'autres de dressées dans la même
salle , pour MM. les cardinaux et les ambassadeurs
qui se mettent tous d'un même côté.

Il y en a d'autres enfin dressées pour les princes ,
les chevaliers de l'ordre , les capitaines, et les gen-
tilshommes de la maison du Roi.

Après le dîné , le Roi se retire en sa chambre :
M. le connétable, ou celui qui le représente, porte
l'épée nue devant Sa Majesté , ainsi qu'il l'avait te-
nue pendant le dîné; et d'autres seigneurs portent
la main de justice, le sceptre royal et la grande
couronne, qui ont demeuré sur la table du Roi
pendant son dîné.

Le Roi ne sort point d'ordinaire du palais archi-
épiscopal le jour de son sacre.

Le lendemain du sacre, le Roi va ordinairement entendre la messe en l'église de l'abbaye de Saint-Remi ; et quelquefois Sa Majesté y reste à dîner !..

En nous quittant ce jour-là, nous convînmes de nous revoir le lendemain pour nous rendre à Corbeny, bourg intéressant que je ne connaissais pas encore, mais que Dom l'Heureux connaissait depuis long-temps.

CINQUIÈME PROMENADE.

Rendez-vous était donné à Dom l'Heureux, qui n'eut garde d'y manquer. Je l'avais annoncé à mes hôtes de Craonnelle. Ils lui firent l'accueil le plus amical, et après un déjeuné frugal, nous partîmes pour Corbeny, qui n'est qu'à une lieue de là.

A peine sortis de la maison de M. de la D.....c, j'apostrophai Dom l'Heureux sur le sort actuel d'une abbaye, que de l'arbre de Paissy nous avions remarquée ensemble. Y a-t-il long-temps, lui demandai-je, que vous n'êtes allé à Cuissy? — J'y suis allé une seule fois en ma vie, il y a quinze ans; la première année de mon séjour à Corbeny. — Etait-elle belle? — Elle n'était pas très-vaste; mais tout y était de construction moderne et d'une distribution commode et élégante. L'église, la bibliothèque, le logis de l'abbé; toutes ces parties venaient d'être reconstruites. — Eh bien! voyez comme en peu de temps tout cela est changé! Plus d'église, plus de bibliothèque; l'abbatiale seule est encore debout; mais la distribution intérieure n'existe plus. Les croisées sont toutes condamnées, enfin ce n'est plus aujour-

d'hui qu'une grange, en attendant une autre desti-
nation. — On a été vite. — Deux acquéreurs se sont
chargés d'effacer de la surface de la terre ces monumens de la piété de nos pères. — Il n'y a peut-
être pas grand mal à cela. — Vous avez une ame
forte, Dom l'Heureux! vous prenez bravement votre
parti sur les événemens. — Pouvions-nous donc
résister plus long-temps au torrent? Il y a trois cents
ans qu'on menaçait notre existence, comme un
fardeau pour l'état, et nos biens comme un vol fait
à la société. Toutes les fois que les Rois ont demandé des subsides extraordinaires au peuple dans
les états généraux, on leur désignait nos domaines
comme la réserve de la nation. Dans ces derniers
temps, par esprit d'égoïsme, la noblesse s'est joint
au tiers-état, pour tenir le même langage, pour
conjurer notre perte, et nous avons été offerts en
holocauste à la patrie. Nous n'étions plus de mode.

Je suis allé, sans vous, visiter Cuissy, guidé par
une colonne de fumée sulfureuse qui s'élevait d'un
point de ce domaine et infestait au loin la vallée. Je
me crus auprès d'un volcan. Je me rendis sur ses
bords, avec l'intrépidité d'Empédocle! Dom l'Heureux se moqua de ma prouesse, et il n'eut pas tout-
à-fait tort.

Le hasard m'a fait rencontrer-là un homme de
beaucoup de mérite, un géologue habile, devenu

propriétaire de ce sol, qui, dans cette partie du domaine de Cuissy, semblait dévoué à l'infertilité. Déjà, il s'était pénétré de la création d'un établissement important à former dans ces localités. J'avais eu l'avantage de le connaître avant cette époque, mais non pas de l'entendre particulièrement s'expliquer sur la nature et l'usage des choses. Possédé, au plus haut point, du génie des entreprises, voyez-vous, me dit-il, ce grand tas de terre noire, où le feu se manifeste, de lui-même avec tant de violence? Je l'ai fait extraire et amonceler pour servir d'engrais, lorsqu'elle sera suffisamment effleurie; les sels qui s'y trouvent combinés, répandus avec économie sur les prairies, vivaces ou artificielles, raniment et enrichissent la végétation. Les cultivateurs qui m'environnent, ont imité mon exemple, et s'en sont bien trouvés. Je vais faire mieux désormais; je ne les laisserai plus brûler. Sans doute, elles s'effleuriront, parce que leur efflorescence est nécessaire et inévitable; mais je m'appliquerai à empêcher le feu d'y prendre, et au contraire je les ferai lessiver à l'avenir. Des réservoirs en grand nombre seront ouverts sur ce plan, où la belle source, que vous voyez s'échapper du sein de la montagne, aboutit naturellement. Ses eaux seront conduites de l'un à l'autre pour s'imprégner de l'alun et du vitriol que ces cendres contiennent en abondance. Une rigole conduira les eaux dans ces réservoirs, une rigole les

recevra, lorsque les cendres seront suffisamment
lessivées; et, un canal peu dispendieux les conduira
toutes en de vastes cuves de plomb, disposées dans
les bâtimens de l'abbatiale pour procurer leur ébul-
lition ou évaporation. — Les cendres alors, bien
qu'affaiblies, n'en seront pas moins utiles aux cultivateurs, et elles me couvriront encore avec usure des
frais d'extraction. Ces opérations faites, l'on fera
couler dans des fosses dites rafraichissoirs, toutes
les eaux réduites par l'évaporation, où elles se cristal-
liseront en couperose solide et brillante; on les en
extraira ensuite pour les faire sécher et les livrer au
commerce. J'étais émerveillé d'entendre M. de B.. ;
il avait conçu tout le plan de l'usine qui semblait
déja exister, et qui depuis, en effet, exista plus de
vingt-cinq ans à Cuissy. Elle était très productive, et
sans les vices de son administration, la société for-
mée pour cette exploitation aurait certainement
prospéré. — Depuis, cet atelier a été transporté à
Bourg; depuis encore, la société qui a fait cette
nouvelle dépense, a été dissoute presque aussitot
sa mise en activité. Les sociétés vont ordinairement
de cette manière à leur propre ruine. Un seul des
actionnaires, M. D.., en est devenu depuis peu propriétaire unique et exclusif. Il est probable, qu'étant
lui-même le directeur de l'établissement, on ne peut
mieux entendu, il y réparera les pertes qu'il a faites
dans la première et seconde entreprise. Les produits

sont actuellement en hausse. Puissent-ils s'élever aux prix de 1810 et années suivantes, jusqu'en 1818! Il faudrait bien peu de chose pour rendre très-précieuse cette usine située très-avantageusement pour l'evacuation de ses produits, sur les bords de l'Aisne, rivière constamment navigable, dont deux canaux vont abréger le cours.

Il est certain que le pays a retiré de grands avantages des changemens survenus en ces localités. Les ouvriers, en grand nombre, y ont trouvé du travail pendant trente ans. Les cultivateurs y ont trouvé un engrais précieux; le commerce, un aliment utile. Jamais la conservation des moines de Cuissy n'en eût procuré de semblables. Un homme de génie vaut mieux pour une contrée que des cénobites uniquement destinés à consommer les fruits de la terre. Dom l'Heureux le crut, ou fit semblant de le croire. Nous avancions tout en conversant.

Puisque nous nous occupons d'établissemens industriels, voyez-vous, me dit-il, en sortant de Craonne, ces tas énormes de tuiles, de briques, placés sur notre droite et fabriqués sur les bords de cette route? Entre Craonne et Corbeny, au pied d'un monticule, que peut-être on aurait pu adoucir, nous vîmes, sur notre droite, une tuilerie dont les produits amoncelés et le grand développement, annonçaient de l'aisance dans le propriétaire qui

faisait valoir cet établissement. Il appartient, me dit
Dom l'Heureux, à un homme industrieux et actif,
M. B⁺⁺, qui en a encore formé quelques autres semblables, et s'est ainsi montré l'un des bienfaiteurs
de nos campagnes, en fournissant à leurs habitans,
pour un prix modéré, et en leur accordant des
termes pour le paiement, des tuiles qui remplacent,
sur leurs demeures, le chaume si facile à incendier.
Par son active industrie, la conduite et l'ordre le
plus sévère, il est devenu l'un des plus riches
propriétaires de ces contrées.

Nous entrons à Corbeny! L'arrivée de ce bon religieux en ce bourg fut bientot connue de tous les
habitans. On se faisait une fête de le voir, et chacun
s'empressait de lui offrir sa table et un logement.
Tant de démonstrations d'amitié le touchèrent aux
larmes. Si vous vous étiez mal conduit à Corbeny,
si vous y aviez donné de mauvais exemples, on ne
s'empresserait pas autour de vous. Je lui parlai
ainsi, ému moi-même des procédés des bons habitans de ce lieu, pour ce vénérable cénobite !

Oui, c'est ici, que pendant quinze ans j'ai rempli
les fonctions de mon état; c'est ici que je me retirai
après le sacre de Louis XVI, en y accompagnant la
châsse de Saint-Marcoul qui avait été transportée à
Saint-Remi de Reims, pour la neuvaine du Roi. Si

elle fut interrompue par la jeunesse de deux Rois
enfans et à cause de la mauvaise saison où eut lieu
le sacre de l'un et de l'autre. Les mêmes motifs
n'existaient pas pour Louis XVI ; ce fut donc par un
pur oubli de ce qui aurait dû se faire à Corbeny ,
que la neuvaine de Saint-Marcoul se fit à St-Remi.
Le prieur de Corbeny aurait dû réclamer et pro-
tester, autant qu'il était en lui, contre cette inno-
vation préjudiciable au bourg de Corbeny, comme
au monastère dont il administrait les revenus. Il
n'en fit rien, et ses confrères et les habitans de ce
pays-ci lui firent à cet égard de vaines représenta-
tions; il parut à leurs yeux avoir sacrifié les intérêts
de la religion et ceux de la paroisse. — Il est probable , s'il s'y représentait, qu'il ne serait pas accueilli comme nous l'avons été. — Il eut assez de
peine à le quitter, lorsqu'il s'agit pour lui de se retirer dans un lieu qu'il avait choisi pour son refuge! —
C'était un moine délié, ambitieux, devenu courtisan,
qui se mettait peu en peine des observations de ses
inférieurs. — Il avait appris à se taire!... Mais je
ne veux pas manquer de charité pour lui. C'est à
Dieu à lui pardonner ou à le punir; à moi il convient de garder le silence sur ses défauts.

N'en doutez pas, Monsieur. Le pouvoir de guérir
des écrouelles, accordé aux Rois de France, n'est
point une illusion, ni une imposture ; il y a trop

long-temps que ce don de Dieu s'est manifesté en eux,
pour qu'on puisse le méconnaître ou le contester.
S'il y avait eu supercherie, supposition, surprise
ou erreur, le temps aurait éclairé les nations, au lieu
de les confirmer dans leur croyance. Mais le contraire
est arrivé : et depuis Clovis jusqu'à Louis XVI inclu-
sivement, loin qu'on ait vu diminuer le nombre de
ceux qui accouraient des pays étrangers à la France,
comme des extrémités de la France même, pour
se procurer le bonheur d'être touché par le Roi,
il a toujours été croissant. Si Clovis ne guérit que
Lanicet des écrouelles, Saint-Louis guérit plus de
six cents affligés de la même maladie. Saint-Thomas,
le docteur angélique, qui ne croyait pas plus légèrement que l'apôtre dont il portait le nom, n'en
faisait pas le plus petit doute. Dans sa captivité
même, en Espagne, François Ier était l'ojet de la confiance du peuple espagnol, et à chaque nouveau
règne, ils s'empressaient de franchir les Pyrénées,
de traverser la France pour recevoir la guérison,
objet de tous leurs désirs, par l'attouchement du
nouveau Roi français. Le privilége leur était acquis,
de lui être présenté les premiers d'entre les nations.
Les français ne passaient devant lui que les derniers.
Louis XIII, Louis XIV, Louis XV et Louis XVI sur-
montèrent la répugnance et le dégoût qu'un tel
attouchement pouvait leur inspirer. Ils avaient la
ferme volonté de guérir ceux qui les imploraient ;

ceux-ci avaient une ferme confiance en leur vertu
reconnue, et dans le beau siècle de la philosophie,
qui fut aussi celui de la foi , Louis XVI porta sa
main royale sur deux mille six cents malheureux qui
lui furent présentés. Il est inutile d'entrer dans des
discussions sérieuses avec ceux qui ont arboré l'é-
tendard de l'incrédulité ; qui mettent des bornes à
la puissance de Dieu, et de ceux qu'il y fait participer
dans sa grande bonté. Pour nous , gens simples ,
comme le charbonnier, nous avons hérité de sa foi.
Nous ne tentons pas le seigneur, mais nous implorons sa miséricorde pour le genre humain, en le
priant de répandre ses faveurs sur nos Rois , qu'il
a destinés à le delivrer d'une maladie dégoutante et
qui infecterait les générations , sans le secours de
sa miséricorde. Si j'avais jamais le bonheur de voir
se rétablir en France cet ordre ancien, qui rendait
nos pères heureux , je m'appliquerais et ferais tous
mes efforts , pour obtenir du successeur de tant
de Rois fidèles , le rétablissement de la neuvaine de
Corbeny. J'oserais dire peut-être au descendant de
St-Louis et de Louis XVI : « N'ayez ni plus , ni
» moins de foi qu'eux ; et faites vous un devoir de
» transmettre à vos successeurs les touchans et re-
» ligieux exemples qu'ils vous ont donnés. Fût-elle
» une erreur, ce qui est impossible, la pratique de
» la vertu, de la part d'un Roi, est toujours un
» principe de bonheur pour le peuple qu'il gouverne,

,Mais si je ne puis ni l'espérer, ni y prétendre, soyez du moins le dépositaire de mes vœux pour le culte de Saint-Marcoul, comme Elisée fut celui du prophéte Élie. Priez, suppliez, importunez, vous finirez par faire réussir une demande juste par elle-même ; digne de la religion qui l'inspire et conforme à l'intérêt d'un pays qui s'est toujours fait remarquer par son dévouement à ses Princes et sa fidélité à pratiquer ses devoirs religieux.

Je le promis, je m'en souviens ; et, si je n'ai pas le mérite d'avoir rédigé la requête à Sa Majesté, des maire, adjoints et notables habitans de Corbeny, au moins je me suis empressé de la faire connaître, de la recommander à des serviteurs puissans et fidèles du Roi, pour, autant qu'il était en moi, contribuer à son succès. Ce serait peut-être ici sa place ; mais je crois devoir, avant tout, appeler votre attention sur une circonstance qui semble de peu de valeur, mais qui offre un grand sens à l'esprit.

SIXIÈME PROMENADE.

Nous approchons du terme de nos entretiens, me dit Dom l'heureux. Un emblème d'un grand sens s'offrira à vos regards, qui serait le complément de l'imposante cérémonie du sacre de S. M. , si la neuvaine de St-Marcoul ne devait nous occuper encore.

Immédiatement après *l'intronisation*, lorsque toutes les portes du temple s'ouvrent au peuple, impatient de jouir de la vue de son Roi, dans la splendeur de la gloire et de la puissance, en ce moment unique d'expansion générale, des cages, où sont enfermés une multitude d'oiseaux différens, s'ouvriront aux yeux des spectateurs, et la liberté sera rendue à ces captifs intéressans. Cette simple allégorie semble dire que toute la nature doit prendre part à ce grand événement.

Ce spectacle récréatif n'est en effet que l'annonce d'un. plus touchant encore, dont une portion de l'humanité recueille tous les avantages. Les bagnes, les maisons de correction recèlent une foule de malheureux, victimes, ou de leurs passions, ou de la justice ; de leurs passions qui les égarèrent , de la justice qui les atteignit et leur imposa , au nom de la société, le devoir de vivre au milieu des privations, des travaux les plus pénibles, et sous la livrée de l'infamie!.. L'espérance seule ne les a pas abandonnés et l'avènement d'un Roi à la couronne est toujours une époque de bienfaisance qui y fournit un aliment précieux, et semble être celle de la réconciliation entre la justice et le malheur.

La clémence corrige ainsi la dureté, la rigueur de la loi, en faveur du repentir. Elle consent à ne considérer que comme des erreurs, ce que dans un autre temps la justice punit comme des crimes. La sagesse discerne ceux qu'elle croit digne de la rémission des peines et les présente au souverain!.. Dans l'exercice de sa bonté suprème, le plus bel attribut de la royauté, il dit : que le malheur cesse, et que la joie lui succède jusques dans les dépôts où elle semblait ne devoir jamais naître, et sa parole puissante fait cesser l'un et commencer l'autre. Long-temps avant cet heureux événement, les momens qui doivent l'amener , sont calculés par l'espérance, et appellés par le désir ; ce n'est pas seulement l'homme condamné, qui tend les bras à son père , c'est toute la famille qui prend intérêt à sa délivrance, qui nourrit le doux espoir de le voir rendre à ses affections naturelles et sociales. Le père demande son fils égaré ! le fils réclame son vieux père ! l'épouse délaissée rap-

.pelle son époux infortuné. Mettez-vous à la place d'un Roi , et dites-moi, si après l'exercice de la justice souveraine, il est rien de plus grand que celui de la souveraine clémence. J'admire la puissance dans la main de la divinité , qui créa les mondes et les soutient , en conservant l'harmonie entre les êtres dociles à ses loix. Mais le pardon paternel, mais l'oubli généreux , mais la remise des peines me pénètrent d'un sentiment bien plus touchant et plus noble. Si l'opinion que j'ai de la justice divine pouvait se concilier avec la divine clémence, certes, l'enfer ne subsisterait plus. Je le considère comme une limite apportée au plus bel attribut de la divinité et de la royauté qui y ressemble.

Combien est étroit le génie qui limite la puissance! et qui dit au Roi: vous ne ferez pas jouir de la plénitude de votre inépuisable bonté , tel et tel malheureux. Les flatteurs diront au Roi, vous ne remettrez pas la peine à ceux qui ont attenté aux jours de votre Majesté ; à ceux qui ont professé telle ou telle opinion politique ou religieuse. Que ces hommes dangereux soient écartés du trône! ils déguisent, sous le langage de l'intérêt du maître, la haine de leurs semblables, et neutralisent, autant qu'il est en eux, le principe des vertus royales, en fixant des bornes à la clémence et à la générosité ! Aucune faute, aucun crime n'est irrémissible aux

yeux de Dieu, pendant que l'homme peut mériter
son pardon. Pourquoi en serait-il autrement auprès
d'un Roi qui acquiert nécessairement plus de grandeur, en donnant plus d'étendue à sa bonté ? O
Titus! Marc Aurèle! Théodose! Louis XII! Comment auriez-vous accueilli ces conseillers adulateurs
et perfides ?

Il me resterait beaucoup de choses à vous dire,
si je voulais examiner en détail les dispositions du
Code, d'après lequel tel membre de la société est
condamné à perdre sa liberté pour un temps déter-
miné, tel autre pour toujours, tel autre enfin à faire
à la sûreté publique le sacrifice de sa vie. Une ef-
frayante disproportion, entre les délits et les peines,
vous ferait penser qu'en remettant ces dernières, le
souverain est plutôt juste que clément, et que ceux
qui s'appliquent à restraindre la générosité du monarque, ne sont que des barbares aussi peu dignes
d'approcher du trône, que d'appartenir à l'humanité; ils déshonorent l'un et l'autre.

De mauvaises lois, des institutions vicieuses qui
multiplient arbitrairement les crimes et les délits,
qui ne se soutiennent que par l'oppression et les
supplices, qui sont ainsi une source intarissable de
maux pour la société, ne trouvent de remède que
dans la bonté du souverain, et vous ne voulez pas
qu'il ouvre les yeux sur les malheureux, pour les

soulager ; vous ne voulez pas que ses mains
s'ouvrent sur eux pour adoucir leur sort; vous ne
voulez pas qu'il prête l'oreille aux accens de la dou-
leur, et que son cœur se montre sensible à la pitié !
Hommes cruels! écoutez. Je veux être d'accord
avec vous. Point d'amnistie pour les perfides conseillers qui se montrent inflexibles et qui sollicitent
le prince de se montrer inclément. Que pour eux, il
soit inexorable; j'y consens. Ils sont les seuls qui ne
méritent pas de participer aux bienfaits de la vertu.

Voilà bien des choses que je ne savais pas, dis-je
à Dom l'Heureux. Voilà bien des choses auxquelles
je n'aurais jamais pensé. Il faut avoir vu, appris,
comparé, pour arriver ainsi de l'évènement le plus
simple, pour ne pas dire le plus indifférent, aux
résultats les plus intéressans, à ce droit de grâce si
précieux qui offre, pour ainsi dire, la *refusion* de
la société, en effaçant les traces du mal, en attendant qu'il soit attaqué dans sa source, par l'amen-
dement des lois, des institutions, et surtout des
hommes préposés à leur exécution.

En effet, répliqua Dom l'Heureux, souvent les
hommes rendent les bonnes lois inutiles, en négli-
geant de les exécuter, en les exécutant avec partia-
lité, en imprimant à l'exécution des lois tous les
vices de leurs caractères. La sagesse particulière du

prince peut seule préserver la société de semblables.
agens qui sont, sans comtredit, les plus grands
fléaux d'un règne fait pour s'illustrer par toutes les
vertus, et assurer le bonheur d'une nation, par
tous les moyens que mettent, entre les mains d'un
bon Roi, la religion et la politique.

Tels furent les derniers mots de Dom l'Heureux ;
tel fut notre dernier entretien. Rappelé par mes devoirs en la ville, où j'avais des fonctions publiques
à remplir, je pris congé de lui, en le remerciant avec
sincérité des soins qu'il avait pris de m'instruire
des cérémonies véritablement augustes du sacre et
du couronnement des Rois. Jamais séjour à la campagne ne m'avait été ni aussi agréable, ni aussi utile.

J'ai appris depuis, qu'après un séjour de quelques mois encore, Dom l'Heureux avait cédé aux
vœux de sa famille qui l'avait rappelé auprès d'elle,
et résisté aux sollicitations des amis qu'il avait à
Corbeny et lieux circonvoisins, et qui voulaient le
retenir auprès d'eux. Fit-il bien ? Je désire qu'il
n'ait jamais eu de regrets sur le parti qu'il prit. Il
méritait de jouir de tout le bonheur que son nom
annonçait, et dont sa belle ame était le gage.

Voici enfin la requête de Corbeny, rédigée
d'après les documens et les inspirations de cet homme de bien. Si elle n'est pas un modèle parfait
d'éloquence, elle est du moins l'exposé fidèle de
la croyance de ces bons habitans et de ses motifs.
Fondée sur la tradition non interrompue des siècles
et des générations, elle nous a paru mériter attention.

Nous pouvons attester que ce monument des
principes de Dom l'Heureux adopté par les habitans
de Corbeny, revêtus de deux pages de signatures,
a été transmis, par les soins de M. le Préfet du
département de l'Aisne, à Son Excellence le Ministre de l'intérieur. Il y a tout lieu, pour eux, d'espérer qu'elle sera mise sous les yeux du Roi. Nous
formons le vœu bien sincère de voir la neuvaine de
St-Marcoul succéder au sacre et au couronnement
de Sa Majesté. Ces deux augustes cérémonies nous
semblent être inséparables. L'une est le complément
de l'autre; et, en matières de pratiques religieuses,
il est à peu près convenu qu'il est prudent de ne
point innover, et sage d'imiter l'exemple de ses
pères.

REQUÊTE

A SA MAJESTÉ LE ROI.

SIRE,

EN se soumettant aux pratiques religieuses de vos glorieux ancêtres, V. M. nous rappelle celles de nos pères, et nous permet d'espérer de jouir de tous les avantages qui y étaient attachés.

La ville de Reims a réclamé la faveur insigne de recevoir son Roi dans ses murs et dans sa basilique, pour, à l'exemple de ses augustes aïeux, y être sacré et couronné ; nous avons applaudi à son empressement ; il était légitime ; nous avons applaudi à son succès ; elle le doit à votre bonté.

A son imitation, Sire, la commune de Corbeny a une grace à demander à Votre Majesté. Nous avons appris de nos auteurs, qu'elle fut autrefois une résidence royale (celle de Charles le Chauve,) que Louis XI, après y avoir fait sa neuvaine et participé aux saints mystères, lui donna deux cents mille couronnes pour l'embellissement du temple où était honoré St-Marcoul, protecteur de notre paroisse; (1) que depuis Philippe-Auguste jusqu'à Louis XIII, de glorieuse mémoire, tous vos prédécesseurs Rois, sauf quelques exceptions amenées par des circonstances particulières, vinrent, après avoir reçu à Reims les Stes-Onctions, faire ou terminer, à Corbeny, une neuvaine à St-Marcoul; communier au pied de son Autel; et, au sortir de son temple, étendre leurs mains royales sur les malades de toutes les nations qui leur étaient présentés, en foule, pour recevoir, sur leur tête, le signe miraculeux de la croix, auquel, avec l'intercession de notre glorieux Patron, ils étaient redevables de la guérison

(1) Saint Marcoul, ou Marculfe, naquît à Bayeux en Normandie, de parens nobles; après avoir donné tout son bien aux pauvres, il mena une vie fort retirée, jusqu'à l'âge de trente ans, qu'il fût ordonné prêtre dans le diocèse de Coûtance : ensuite il obtint de Childebert, Roi de France, fils de Clovis I, un petit lieu appelé *Nanteuil*, près de la ville de Coûtance, pour y bâtir un monastère. Il suivit la règle de saint Benoît ; et étant devenu chef d'un grand nombre de religieux, il fut obligé de bâtir plusieurs monastères. Il fit plusieurs miracles pendant sa vie, pour la guérison des écrouelles. Il mourut à Nanteuil le 1er mai 558. Une partie de ses ossemens a été portée pendant les guerres de l'abbaye de Nanteuil, à Mantes ; et les autres reliques de ce saint ont conservées en l'église de Corbigny *ou* Corbeny, qui lui est dédiée.

des écrouelles. Tandis que la Reine, mère de Louis XIII, alla faire sa dévotion à Notre-Dame de Liesse, après le sacre et le couronnement de son fils, le Roi fit lui-même ses dévotions à St-Marcoul, où elle vint le retrouver ; après la Messe, il étendit sa main royale sur 866 malades, qui tous recouvrèrent la santé. LL. MM. Louis XIV, Louis XV et Louis XVI, interrompirent ce saint pélérinage, soit à cause de la mauvaise saison, où ils furent sacrés, soit à cause des ménagemens que commandait la faiblesse de leur âge. L'histoire nous a appris que le grand Roi toucha environ deux mille malades; que le glorieux corps de notre St Patron fût transporté de Corbeny en l'Eglise de St Remi de Reims, *qui voulait tout comprendre dans son privilége canonique ;* que Sa Majesté fit la neuvaine devant son Autel. Nous savons très-bien que Sa Majesté Louis XV, qui, pour les mêmes raisons et de la même manière, fit la neuvaine à St-Marcoul dans l'Eglise de St-Remi, étendit sa royale main sur 2400 malades rassemblés au même lieu. Enfin, nous ne pouvons pas douter, qu'avec le même succès, que ses glorieux prédécesseurs, le Roi martyr, dont V. M. nous retrace les éminentes vertus, après son sacre à Reims, après sa neuvaine à St-Remi, devant la châsse de St-Marcoul, obtint du ciel la guérison de 2600 malades qui lui furent présentés.

Il y a à peine un siècle, que, par la succession de

deux Rois enfans , et dont le règne s'est prolongé
selon les vœux de la France , ce pélérinage célèbre a
été interrompu. Combien , Sire , il serait heureux
pour nous, de pouvoir apprendre à nos enfans, à
nos neveux , à notre postérité , à toute la France ,
à toute l'Europe , à toute la chrétienté , qu'après
une époque, où l'impiété commit tant de ravages
sur la terre, le Roi très-chrétien , le fils aîné de
l'Eglise , Charles X enfin , est venu restaurer , par
son auguste exemple , nos mœurs antiques et le
culte de St-Marcoul , notre bienheureux Patron !
L'incrédulité barbare a dépouillé son temple sans
le détruire ; la personne de nos Rois a toujours fait
son plus bel ornement! Daignez , Sire , pénétrer dans
son enceinte, et notre Eglise sera l'une des plus
belles de l'univers ! Elle retrouvera tout son lustre ;
tout son éclat , toute sa richesse ! Un seul tableau
nous tiendra lieu de toute la pompe des tabernacles
anciens ! Sire, nous n'osons pas vous le dire : celui
de Votre Majesté aux pieds de notre St Patron......
Nous est-il permis d'espérer cette double faveur ?
Celle qui nous touche le plus , Sire , est de vous
posséder un instant dans notre temple. Votre image
est dans tous nos cœurs. Pardon , Sire , pardon ,
nous paraissons mettre des bornes à votre générosité;
nous avons l'air d'oublier que votre bonté est inépuisable. Eh bien ! Sire, pour nous montrer plus
dignes de Votre Majesté , nous vous supplierons , à

la fois , et de rétablir la neuvaine de St-Marcoul ,
à Corbeny , et de consacrer ce grand évènement par
la concession de votre tableau à notre temple. Voilà
nos vœux exprimés avec autant de liberté que de
confiance. Vous le trouverez pauvre en y entrant ;
mais en vous en éloignant , vous le laisserez riche
du plus beau souvenir. Vous y remarquerez, peut-
être , les traces de la dévastation et du vandalisme ;
mais elles s'effaceront devant vous, pour faire place
à votre munificence royale.

Vos fidèles habitans de Corbeny ne craindront pas
de rendre Votre Majesté dépositaire de leur croyance
et de leur foi ; ils ont conservé intactes les tradi-
tions de leurs pères, et ils les transmettront, sans
altération, à leurs enfans. Ils n'ont point cessé, et
ne cesseront jamais de croire aux merveilleux effets
des onctions saintes sur la personne de leurs Rois.
Ainsi que toutes les Nations de l'univers , ils les con-
sidéreront toujours comme les instrumens de la
miséricorde divine pour un très-grand nombre de
malheureux ; ce qui a été cru , sans interruption
et partout, depuis quatorze cents ans , est pres-
qu'aussi respectable, à leurs yeux, que les grands événemens qui leur sont connus par la révélation. Ils
ne supposent pas que ce qui a été attesté, sans con-
tradiction , par des hommes de tous les pays , ne
soit que fables ridicules, lorsqu'ils n'avaient au-

cun intérêt à les tromper, ni à feindre. Ils ne peuvent pas supposer qu'il y ait eu concert entre des hommes étrangers les uns pour les autres, afin d'établir une croyance fausse et digne de pitié, ou de mépris.

Hincmar, archevêque de Reims, soutint, en présence des évêques assemblés en l'église de St-Etienne de Metz, pour le sacre d'un Roi, l'origine céleste de la Ste-Ampoule, et personne n'osa plus depuis lors en douter ; et comme lui et comme les prélats réunis autour de lui, nous professons que la plénitude des graces attachées au sacre et au couronnement de nos Rois, est dans le don de guérir les écroue lles par leur attouchement et l'invocation de St-Marcoul. Qu'il sera grand, qu'il sera sublime et touchant le spectacle de Votre Majesté, étendant sa main royale sur une foule de malheureux, et proférant sur eux ces paroles, en faisant sur leur tête un signe de croix : *le Roi te touche, que Dieu te guérisse !*.....

Nous le savons, Sire, à peine la ville de Reims aura-t-elle joui un instant du bonheur de voir son Roi, que votre capitale, avide de vous revoir, vous rappellera dans son sein, pour donner à V. M. les fêtes les plus brillantes. Pour nous, Sire, ce ne sont pas des fêtes que nous lui offrons ; mais des

scènes peut-être plus dignes d'un Roi, celles du malheur, des infirmités, de l'espérance, rassemblés
autour de l'Autel de la Pitié. V. M., Sire, trouvera
partout des cœurs fidèles et dévoués, partout à ses
yeux le faste et le luxe étaleront leurs richesses ;
Corbeny seul offrira à votre vue le tableau affligeant
des misères humaines, pour les faire cesser à l'exemple du Dieu qui laisse partout des traces de sa puissance et de sa bonté.

Oserons-nous le dire à Votre Majesté, Sire, sans
craindre de nous rendre importuns? elle ne retardera
pas d'une heure son retour dans sa capitale, en pas-
sant par la commune de Corbeny. Avec une poste
royale, elle communique, par une route départe-
mentale, en fort bon état, avec Soissons et Com-
piègne. Les bords de l'Aisne sont beaux par leur
variété et la richesse de leur culture et de leur industrie. Nous ajouterons que ce coin de terre aujour-
d'hui presque oublié, est' cependant rempli des
souvenirs les plus touchans pour le cœur d'un Bour-
bon. Votre Majesté appercevra, sur sa droite, cette
demeure royale de La Bove, qui reçut ses Tantes et
ses Sœurs ; à sa gauche, le château très-remar-
quable de ces comtes de Roucy, qui figurèrent dans
tant de sacres, fondèrent un si grand nombre d'établissemens pieux ; le transmirent ensuite à cette
illustre famille de Luxembourg, qui avait l'honneur

de vous être alliée, et qui devint plus tard la propriété de la famille de la Rochefoucault, avant d'appartenir à ces Bethune, de tous temps chers et dévoués aux Bourbons.

Prosternés aux pieds de Votre Majesté, Sire, les enfans de St-Marcoul, vous présentent, en tremblant, leur très-humble requête. A vos pieds... cette position leur convient en votre auguste présence, ils vous supplient d'agréer leurs vœux et leur hommage.

Nous sommes,

SIRE,

De Votre Majesté,

Les très-humbles, très-fidèles Sujets,

Les Maire, Adjoints, Membres du Conseil Municipal, et autres Notables habitans de Corbeny.

Nota. L'un des anciens confrères de Dom l'Heureux, M. Grar, ex-Benédictin de la Congrégation de St-Maur, ancien professeur du collège de Laon, nous assure que, lorsque les Rois de France ne purent venir, après leur sacre, faire leur neuvaine à St-Marcoul, leur munificence les porta à envoyer, en présent, à l'église de Corbeny, des ornemens précieux, et qu'il s'en est lui - même revêtu. Ce souvenir nous a paru bon à recueillir, et à joindre à la requête des habitans de ce lieu.

N. B. L'Auteur de cet Ouvrage contracte le double engagement de procurer *gratuitement*, un mois après le Sacre de S. M !, la vue de l'intérieur de la Basilique de Reims, et la liste nominative des Princes français et étrangers, Ambassadeurs, Ministres, Cardinaux, grands Officiers et Dignitaires qui auront pris part à cette mémorable Cérémonie, à toutes les personnes qui, en l'achetant, auront laissé leurs noms et adresses à ses correspondans.

www.ingramcontent.com/pod-product-compliance
Lightning Source LLC
Chambersburg PA
CBHW060430090426
42733CB00011B/2216

9 7 8 2 0 1 3 5 2 8 1 7 7